行政执法文书实务指南系列

市场监督管理行政执法文书样式

制作规范与法律依据

SHICHANG JIANDU GUANLI XINGZHENG ZHIFA WENSHU YANGSHI
ZHIZUO GUIFAN YU FALÜ YIJU

法律应用研究中心◎编

中国法制出版社
CHINA LEGAL PUBLISHING HOUSE

目　录

一、市场监督管理行政处罚文书

市场监管总局关于印发《市场监督管理行政处罚文书格式范本（2021年修订版）》的通知[①]

国市监法发〔2021〕42号

各省、自治区、直辖市和新疆生产建设兵团市场监管局（厅、委），总局各司局：

为贯彻实施新修订的《中华人民共和国行政处罚法》和《市场监督管理行政处罚程序规定》《市场监督管理行政处罚听证办法》，更好规范市场监督管理行政处罚程序，保障市场监管部门依法实施行政处罚，维护行政相对人合法权益，市场监管总局经认真研究总结、广泛征求意见，对2019年制定的《市场监督管理行政处罚文书格式范本》进行了修订，在保留原有44种文书的基础上，新增加12种文书，形成了《市场监督管理行政处罚文书格式范本（2021年修订版）》（以下简称《格式范本》），现予以印发。

《格式范本》为市场监管部门行政处罚文书基本格式。各省级市场监管部门可以参照《格式范本》，结合实际完善有关文书格式并自行印制。国家药监局、省级药品监管部门实施行政处罚，可以参照《格式范本》制定行政处罚文书格式。对违反《中华人民共和国反垄断法》的行为实施行政处罚适用的文书，按照市场监管总局专项规定执行；专项规定未作规定的，可以参照适用《格式范本》。在实施行政处罚过程中，对《格式范本》未拟定的文书，可以参照适用市场监管总局已印发的其他文书。

与《格式范本》配套使用的《使用指南》，可以登陆市场监管总局网站查阅。

市场监管总局

2021年7月21日

---

① 格式范本参见下文。编者根据《〈市场监督管理行政处罚文书格式范本〉使用指南》整理了与文书对应的【说明】，并附以【法律依据】，方便读者使用。

总体说明[①]

本行政处罚文书格式范本，由国家市场监督管理总局制定，在保留原有44 种文书的基础上，新增加了 12 种文书。各省级市场监督管理部门可以参照本文书格式范本，结合执法实际，完善有关文书格式并自行印制。

国家药品监督管理局、省级药品监督管理部门实施行政处罚，可以参照本文书格式范本制定行政处罚文书格式。

对违反《中华人民共和国反垄断法》的行为实施行政处罚适用的文书，按照国家市场监督管理总局专项规定执行；专项规定未作规定，可以参照适用本文书格式范本。

在实施行政处罚过程中，对本文书格式范本未制定的文书，可以参照适用国家市场监督管理总局已印发的其他文书。

文书格式范本中“□”表示其内容可以进行勾选，选择“其他”的，应当在随后的横线处填写具体情形；“____”表示应当填写相应内容，填写后可以视情况删除下划线；“/”表示应当在相关选项中进行选择，选择后删去其他选项；“［　］”表示里面的内容可以根据法律规定，结合执法情况，选择使用。

制作、打印文书时，参照《党政机关公文格式》。

---

① 参见《市场监督管理行政处罚文书格式范本（2021 年修订版）》，载国家市场监督管理总局网站，http：//gkml. samr. gov. cn/nsjg/fgs/202107/t20210723_ 333003. html，最后访问时间：2021 年 10 月 11 日。

1. 案件来源登记表

________市场监督管理局
案件来源登记表

登记号：

<table>
<tr><td colspan="2">来源分类</td><td colspan="5">□监督检查　　□投诉、举报
□其他部门移送　　□上级交办　　□其他 ________</td></tr>
<tr><td colspan="2">发现线索/收到材料时间</td><td colspan="5">年　月　日</td></tr>
<tr><td rowspan="10">案源提供人</td><td rowspan="2">监督检查人</td><td colspan="2">姓名</td><td></td><td>所属单位</td><td></td></tr>
<tr><td colspan="2">姓名</td><td></td><td>所属单位</td><td></td></tr>
<tr><td rowspan="5">投诉人、举报人</td><td rowspan="2">单位</td><td>名称</td><td colspan="3"></td></tr>
<tr><td colspan="2">法定代表人（负责人）</td><td colspan="2"></td></tr>
<tr><td>个人</td><td>姓名</td><td></td><td>身份证件号码</td><td></td></tr>
<tr><td colspan="2">联系电话</td><td></td><td>其他联系方式</td><td></td></tr>
<tr><td colspan="2">联系地址</td><td colspan="3"></td></tr>
<tr><td rowspan="3">移送、交办部门</td><td colspan="2">名称</td><td colspan="3"></td></tr>
<tr><td colspan="2">联系人</td><td></td><td>联系电话</td><td></td></tr>
<tr><td colspan="2">联系地址</td><td colspan="3"></td></tr>
<tr><td rowspan="3">当事人</td><td>名称（姓名）</td><td colspan="5"></td></tr>
<tr><td>住所（住址）</td><td colspan="5"></td></tr>
<tr><td>联系电话</td><td colspan="5"></td></tr>
<tr><td>案源内容</td><td colspan="6">登记人：
年　月　日</td></tr>
<tr><td>案源处理意见</td><td colspan="6">办案机构负责人：
年　月　日</td></tr>
<tr><td>备注</td><td colspan="6"></td></tr>
</table>

【说　明】

《案件来源登记表》是市场监督管理部门对行政处罚案件来源及有关基本情况进行登记时所使用的文书。

一、文书适用范围

市场监督管理部门办案机构依据《市场监督管理行政处罚程序规定》第十八条第一款，对依据监督检查职权或者通过投诉、举报、其他部门移送、上级交办等途径发现的违法行为线索进行登记的，使用本文书。

二、文书制作提示

1. 登记号可以是按年度划分的流水号。

2. 发现线索/收到材料的时间是市场监督管理部门依据监督检查职权或者通过投诉、举报、其他部门移送、上级交办等途径发现违法行为线索或者收到材料的时间。该时间是核查期限的起算时间。

3. 来源分类根据实际情况填写。办案机构所在单位依据监督检查职权（包括随机抽查、抽检监测等）发现违法行为线索的，选择“监督检查”；办案机构所在单位在处理投诉中发现违法行为线索的，或者收到违法行为线索举报的（包括12315等系统分送的情形），选择“投诉、举报”；由其他部门移送违法行为线索的，选择“其他部门移送”；上级指定管辖或者交办违法行为线索的，选择“上级交办”。

4. 对于“监督检查人”“投诉人、举报人”“移送、交办部门”三栏内容，登记人根据实际情况选择填写。如有投诉人、举报人不愿留下姓名或者要求保密以及声明其提交材料的可靠程度等内容，应当在“备注”栏注明。

5. “当事人”的“名称（姓名）”栏，根据实际情况填写单位名称、个体工商户字号名称、经营者姓名及个人姓名。

6. “案源内容”中应当简明记载案源基本情况，包括案源所反映的涉嫌违法主体、行为发生时间、地点等基本情况。登记人一般为办案机构的工作人员。

7. 办案机构负责人可以根据不同情况在案源处理意见栏签署意见，意见应当具体明确。若需要核查，应当指定至少两名核查人员。

【法律依据】

《市场监督管理行政处罚程序规定》（2021 年 7 月 2 日）

第十八条 市场监督管理部门对依据监督检查职权或者通过投诉、举报、其他部门移送、上级交办等途径发现的违法行为线索，应当自发现线索或者收到材料之日起十五个工作日内予以核查，由市场监督管理部门负责人决定是否立案；特殊情况下，经市场监督管理部门负责人批准，可以延长十五个工作日。法律、法规、规章另有规定的除外。

检测、检验、检疫、鉴定以及权利人辨认或者鉴别等所需时间，不计入前款规定期限。

2. 指定管辖通知书

________市场监督管理局
指定管辖通知书

____市监指定〔____〕__号

____________、____________市场监督管理局：

关于____

____

一案管辖权问题，经本局研究决定，指定该案由____________________

市场监督管理局管辖。请你们接到此通知后及时办理相关材料的移交手续。

联系人：________________________联系电话：____________________

________________市场监督管理局

（印　章）

年　　月　　日

本文书一式____份，____份送达，一份归档，________________________。

【说 明】

《指定管辖通知书》是上级市场监督管理部门指定下级市场监督管理部门对具体案件行使管辖权时所使用的文书。

一、文书适用范围

上级市场监督管理部门依据《市场监督管理行政处罚程序规定》第十三条、第十四条、第十五条第二款和第三款、第十六条作出指定管辖决定的，使用本文书。

二、文书制作提示

1. 下级市场监督管理部门可以依据《市场监督管理行政处罚程序规定》第十三条、第十四条、第十五条第三款的规定报请管辖或者指定管辖。

上级市场监督管理部门认为必要时，可以依据《市场监督管理行政处罚程序规定》第十五条第二款的规定直接查处下级管辖的案件或者指定管辖。

当下级市场监督管理部门依据《市场监督管理行政处罚程序规定》第十五条第三款的规定报请管辖或者指定管辖时，上级市场监督管理部门仍决定由报请的市场监督管理部门管辖的，不适用本文书。

2. 使用本文书需填报《行政处罚案件有关事项审批表》，经市场监督管理部门负责人批准。

3. 本文书需分别送达有关下级市场监督管理部门，并归档。

【法律依据】

《市场监督管理行政处罚程序规定》（2021年7月2日）

第十三条 两个以上市场监督管理部门因管辖权发生争议的，应当自发生争议之日起七个工作日内协商解决，协商不成的，报请共同的上一级市场监督管理部门指定管辖；也可以直接由共同的上一级市场监督管理部门指定管辖。

第十四条 市场监督管理部门发现立案查处的案件不属于本部门管辖的，应当将案件移送有管辖权的市场监督管理部门。受移送的市场监督管理部门对管辖权有异议的，应当报请共同的上一级市场监督管理部门指定管辖，不得再自行移送。

第十五条 上级市场监督管理部门认为必要时，可以将本部门管辖的案件交由下级市场监督管理部门管辖。法律、法规、规章明确规定案件应当由上级市场监督管理部门管辖的，上级市场监督管理部门不得将案件交由下级市场监督管理部门管辖。

上级市场监督管理部门认为必要时，可以直接查处下级市场监督管理部门管辖的案件，也可以将下级市场监督管理部门管辖的案件指定其他下级市场监督管理部门管辖。

下级市场监督管理部门认为依法由其管辖的案件存在特殊原因，难以办理的，可以报请上一级市场监督管理部门管辖或者指定管辖。

第十六条 报请上一级市场监督管理部门管辖或者指定管辖的，上一级市场监督管理部门应当在收到报送材料之日起七个工作日内确定案件的管辖部门。

3. 案件交办通知书

________市场监督管理局
案件交办通知书

____市监交办〔____〕____号

______________________市场监督管理局：

依据《市场监督管理行政处罚程序规定》第十五条第一款的规定，现将

____

____

一案交由你局管辖。请依法处理，并将处理结果及时报送本局。

联系人：______________________联系电话：____________________

附件：（相关材料）

______________市场监督管理局

（印　章）

年　　月　　日

本文书一式____份，____份送达，一份归档，________________________。

【说　明】

《案件交办通知书》是上级市场监督管理部门将本部门管辖的案件交由下级市场监督管理部门管辖时所使用的文书。

一、文书适用范围

上级市场监督管理部门依据《市场监督管理行政处罚程序规定》第十五条第一款的规定，将本部门管辖的案件交由下级市场监督管理部门管辖的，使用本文书。

二、文书制作提示

1. 本文书应当附上违法案件线索的相关材料。所附材料可以作为附件逐一列明，也可以另附清单。

2. 使用本文书需填报《行政处罚案件有关事项审批表》，经市场监督管理部门负责人批准。

3. 本文书需送达承办的下级市场监督管理部门，并归档。

【法律依据】

《市场监督管理行政处罚程序规定》（2021 年 7 月 2 日）

第十五条　上级市场监督管理部门认为必要时，可以将本部门管辖的案件交由下级市场监督管理部门管辖。法律、法规、规章明确规定案件应当由上级市场监督管理部门管辖的，上级市场监督管理部门不得将案件交由下级市场监督管理部门管辖。

上级市场监督管理部门认为必要时，可以直接查处下级市场监督管理部门管辖的案件，也可以将下级市场监督管理部门管辖的案件指定其他下级市场监督管理部门管辖。

下级市场监督管理部门认为依法由其管辖的案件存在特殊原因，难以办理的，可以报请上一级市场监督管理部门管辖或者指定管辖。

4. 案件移送函

________市场监督管理局
案件移送函

____市监案移〔____〕____号

______________________：

______________________一案/违法线索，因______________________

____，

不属于本局管辖/本局管辖困难。依据《市场监督管理行政处罚程序规定》第____条［第____款］的规定，现将该案/违法线索移送你单位处理。

联系人：______________________联系电话：____________________

联系地址：____

附件：（相关材料）

________________市场监督管理局

（印　章）

年　　月　　日

本文书一式____份，____份送达，一份归档，__________________________。

【说　明】

《案件移送函》是市场监督管理部门将案件或者违法线索移送有管辖权的行政机关时所使用的文书。

一、文书适用范围

市场监督管理部门依据《市场监督管理行政处罚程序规定》第十一条第一款、第十四条、第十七条第一款的规定，需要进行案件或者违法线索移送的，使用本文书。

二、文书制作提示

1. 市场监督管理部门发现已立案的案件不属于自己管辖的，应当依法移送案件。市场监督管理部门发现正在核查的违法线索不属于自己管辖，或者发现当事人存在不属于自己管辖的其他违法线索的，应当移送违法线索。

2. 受移送的部门，既可能是其他市场监督管理部门，也可能是其他行政机关。

3. 移送的原因，需填写法律、法规、规章及相关文件中关于监管职责、地域管辖、级别管辖、特殊管辖等具体规定。

4. 管辖困难是指《市场监督管理行政处罚程序规定》第十一条第一款所规定的情形。

5. 所附材料可以作为附件逐一列明，也可以另附清单。

6. 使用本文书需填报《行政处罚案件有关事项审批表》，经市场监督管理部门负责人批准。

7. 本文书需送达受移送部门，并归档。

【法律依据】

《市场监督管理行政处罚程序规定》（2021 年 7 月 2 日）

第十一条　对利用广播、电影、电视、报纸、期刊、互联网等大众传播媒介发布违法广告的行为实施行政处罚，由广告发布者所在地市场监督管理部门管辖。广告发布者所在地市场监督管理部门管辖异地广告主、广告经营者有困难的，可以将广告主、广告经营者的违法情况移送广告主、广告经营者所在地市场监督管理部门处理。

对于互联网广告违法行为，广告主所在地、广告经营者所在地市场监督管理部门先行发现违法线索或者收到投诉、举报的，也可以进行管辖。

对广告主自行发布违法互联网广告的行为实施行政处罚，由广告主所在地市场监督管理部门管辖。

第十四条 市场监督管理部门发现立案查处的案件不属于本部门管辖的，应当将案件移送有管辖权的市场监督管理部门。受移送的市场监督管理部门对管辖权有异议的，应当报请共同的上一级市场监督管理部门指定管辖，不得再自行移送。

第十七条 市场监督管理部门发现立案查处的案件属于其他行政管理部门管辖的，应当及时依法移送其他有关部门。

市场监督管理部门发现违法行为涉嫌犯罪的，应当及时将案件移送司法机关，并对涉案物品以及与案件有关的其他材料依照有关规定办理交接手续。

5. 涉嫌犯罪案件移送书

________市场监督管理局
涉嫌犯罪案件移送书

____市监涉罪移〔____〕__号

__________________________：

____一案/案件线索，经调查，当事人的行为涉嫌犯罪。依据《中华人民共和国行政处罚法》第二十七条、《行政执法机关移送涉嫌犯罪案件的规定》第三条的规定，现将该案移送你单位。

联系人：__________________联系电话：________________

联系地址：____

附件：（相关材料）

________________市场监督管理局

（印　章）

年　　月　　日

抄送：________人民检察院

本文书一式____份，____份送达，一份归档，______________________。

【说　明】

《涉嫌犯罪案件移送书》是市场监督管理部门在查处违法行为过程中发现违法行为涉嫌犯罪，依照有关规定将案件移送司法机关时所使用的文书。

一、文书适用范围

市场监督管理部门依据《市场监督管理行政处罚程序规定》第十七条第二款的规定，将涉嫌犯罪的违法行为移送司法机关的，使用本文书。

二、文书制作提示

1. 本文书附件应当附下列相关材料：涉嫌犯罪案件情况调查报告、涉案物品清单、有关检验报告或者鉴定结论及其他有关涉嫌犯罪的证据材料。

2. 市场监督管理部门移送涉嫌犯罪案件应当遵守《行政执法机关移送涉嫌犯罪案件的规定》等有关规定。

3. 使用本文书需填报《行政处罚案件有关事项审批表》或者《行政处理决定审批表》，经市场监督管理部门正职负责人或者主持工作的负责人批准。

4. 本文书需送达受移送的公安机关，抄送同级检察机关，并归档。

【法律依据】

1. **《中华人民共和国行政处罚法》**（2021 年 1 月 22 日）

第二十七条　违法行为涉嫌犯罪的，行政机关应当及时将案件移送司法机关，依法追究刑事责任。对依法不需要追究刑事责任或者免予刑事处罚，但应当给予行政处罚的，司法机关应当及时将案件移送有关行政机关。

行政处罚实施机关与司法机关之间应当加强协调配合，建立健全案件移送制度，加强证据材料移交、接收衔接，完善案件处理信息通报机制。

2. **《行政执法机关移送涉嫌犯罪案件的规定》**（2020 年 8 月 7 日）

第三条　行政执法机关在依法查处违法行为过程中，发现违法事实涉及的金额、违法事实的情节、违法事实造成的后果等，根据刑法关于破坏社会主义市场经济秩序罪、妨害社会管理秩序罪等罪的规定和最高人民法院、最高人民检察院关于破坏社会主义市场经济秩序罪、妨害社会管理秩序罪等罪的司法解释以及最高人民检察院、公安部关于经济犯罪案件的追诉标准等规定，涉嫌构成犯罪，依法需要追究刑事责任的，必须依照本规定向公安机关移送。

知识产权领域的违法案件，行政执法机关根据调查收集的证据和查明的案件事实，认为存在犯罪的合理嫌疑，需要公安机关采取措施进一步获取证据以判断是否达到刑事案件立案追诉标准的，应当向公安机关移送。

3. **《市场监督管理行政处罚程序规定》**（2021年7月2日）

第十七条 市场监督管理部门发现立案查处的案件属于其他行政管理部门管辖的，应当及时依法移送其他有关部门。

市场监督管理部门发现违法行为涉嫌犯罪的，应当及时将案件移送司法机关，并对涉案物品以及与案件有关的其他材料依照有关规定办理交接手续。

6. 查封/扣押物品移送告知书

________市场监督管理局
查封/扣押物品移送告知书

____市监物移〔____〕__号

__________________________：

____年____月____日，本局根据《实施行政强制措施决定书》（____市监强制〔____〕____号）对你（单位）场所/设施/财物实施了查封/扣押行政强制措施。

因违法行为涉嫌犯罪，依据《市场监督管理行政处罚程序规定》第十七条第二款的规定，本局依法已将案件移送________________________，［因______________，依据《市场监督管理行政处罚程序规定》______________的规定，本局已将案件/违法线索移送________________________，］相关场所/设施/财物（详见《场所/设施/财物清单》文书编号：____________）已于______年____月____日一并移送。

联系人：________________________联系电话：______________________

联系地址：____

________________市场监督管理局

（印　章）

年　　月　　日

本文书一式____份，____份送达，一份归档，________________________。

【说 明】

《查封/扣押物品移送告知书》是市场监督管理部门向司法机关、其他市场监督管理部门或者其他有关部门移送查封、扣押的财物告知当事人时所使用的文书。

一、文书适用范围

市场监督管理部门在一并移送采取强制措施的场所/设施/财物时，告知当事人场所/设施/财物移送情况的，使用本文书。

二、文书制作提示

1. 市场监督管理部门在具体使用的过程中，应当在标题及正文中对查封或者扣押的情形进行选择。

2. 本文书列明了移送司法机关和移送有管辖权的市场监督管理部门或者其他有关部门两种情形，文书制作时应当选择适用。

3. 《中华人民共和国行政强制法》第二十一条对违法行为涉嫌犯罪移送司法机关时，相关财物一并移送并书面告知当事人作了明确规定。但现有法律、法规、规章未明确规定相关财物移送其他市场监督管理部门或者其他有关部门时的告知要求，实践中可以比照移送司法机关的相关要求办理。

4. 本文书应当送达当事人，并归档。

【法律依据】

1. **《中华人民共和国行政强制法》**（2011 年 6 月 30 日）

第二十一条 违法行为涉嫌犯罪应当移送司法机关的，行政机关应当将查封、扣押、冻结的财物一并移送，并书面告知当事人。

2. **《市场监督管理行政处罚程序规定》**（2021 年 7 月 2 日）

第十七条 市场监督管理部门发现立案查处的案件属于其他行政管理部门管辖的，应当及时依法移送其他有关部门。

市场监督管理部门发现违法行为涉嫌犯罪的，应当及时将案件移送司法机关，并对涉案物品以及与案件有关的其他材料依照有关规定办理交接手续。

7. 立案/不予立案审批表

________市场监督管理局
立案/不予立案审批表

<table>
<tr><td rowspan="6">当事人</td><td rowspan="3">单位</td><td>名称</td><td colspan="3"></td></tr>
<tr><td colspan="2">统一社会信用代码</td><td colspan="2"></td></tr>
<tr><td colspan="2">法定代表人（负责人）</td><td colspan="2"></td></tr>
<tr><td rowspan="2">个体工商户/个人</td><td>字号名称</td><td></td><td>统一社会信用代码</td><td></td></tr>
<tr><td>姓名</td><td></td><td>身份证件号码</td><td></td></tr>
<tr><td>住所（住址）</td><td colspan="4"></td></tr>
<tr><td colspan="2">案由</td><td colspan="4"></td></tr>
<tr><td colspan="2">发现线索/收到材料时间</td><td colspan="4"></td></tr>
<tr><td colspan="2">核查情况及立案/不予立案理由</td><td colspan="4">核查人员：
年　月　日</td></tr>
<tr><td colspan="2">办案机构负责人意见</td><td colspan="4">办案机构负责人：
年　月　日</td></tr>
<tr><td colspan="2">部门负责人意见</td><td colspan="4">部门负责人：
年　月　日</td></tr>
<tr><td colspan="2">备　注</td><td colspan="4"></td></tr>
</table>

【说　明】

《立案/不予立案审批表》是市场监督管理部门对案件作出立案或者不予立案决定，由办案机构提请市场监督管理部门负责人审批时所使用的文书。

一、文书适用范围

依据《市场监督管理行政处罚程序规定》第十八条第一款、第十九条、第二十条的规定，市场监督管理部门根据对违法行为线索的核查情况决定立案或者不予立案的，使用本文书。

二、文书制作提示

1. 市场监督管理部门在具体使用的过程中，应当在标题及正文中对立案或者不予立案的情形进行选择。

2. 当事人有主体资格证照的，按照当事人主体资格证照记载事项填写统一社会信用代码、法定代表人（负责人）、住所（住址）等信息。当事人是个体工商户且有字号的，以字号名称为当事人名称，同时填写经营者姓名、身份证件号码。当事人主体资格证照未加载统一社会信用代码的，填写当事人主体资格证照名称及号码。

当事人是个人的，按照居民身份证记载事项填写姓名、住址及公民身份号码等信息。如无居民身份证的，填写其他有效身份证件名称及号码。

3. "案由"按照"涉嫌＋违法行为性质＋案"的方式表述。不予立案的，不填写案由。

4. 提交审批时，应当附案件来源登记表和核查取得的材料。受移送的案件，还应当附移送机关移送的材料；上级交办的案件，还应当附上级交办的文书；投诉举报案件，还应当附投诉举报记录等相关材料。

5. "核查情况及立案/不予立案理由"要写明涉嫌违法行为、涉嫌违反的法律规定，以及立案或者不予立案的建议并说明理由。

6. 办案机构负责人建议立案的，应当指定两名以上具有行政执法资格的办案人员负责调查处理。

7. 备注中可以填写经市场监督管理部门负责人审批后发放的立案或者不予立案编号。

【法律依据】

《市场监督管理行政处罚程序规定》（2021年7月2日）

第十八条 市场监督管理部门对依据监督检查职权或者通过投诉、举报、其他部门移送、上级交办等途径发现的违法行为线索，应当自发现线索或者收到材料之日起十五个工作日内予以核查，由市场监督管理部门负责人决定是否立案；特殊情况下，经市场监督管理部门负责人批准，可以延长十五个工作日。法律、法规、规章另有规定的除外。

检测、检验、检疫、鉴定以及权利人辨认或者鉴别等所需时间，不计入前款规定期限。

第十九条 经核查，符合下列条件的，应当立案：

（一）有证据初步证明存在违反市场监督管理法律、法规、规章的行为；

（二）依据市场监督管理法律、法规、规章应当给予行政处罚；

（三）属于本部门管辖；

（四）在给予行政处罚的法定期限内。

决定立案的，应当填写立案审批表，由办案机构负责人指定两名以上具有行政执法资格的办案人员负责调查处理。

第二十条 经核查，有下列情形之一的，可以不予立案：

（一）违法行为轻微并及时改正，没有造成危害后果；

（二）初次违法且危害后果轻微并及时改正；

（三）当事人有证据足以证明没有主观过错，但法律、行政法规另有规定的除外；

（四）依法可以不予立案的其他情形。

决定不予立案的，应当填写不予立案审批表。

8. 行政处罚案件有关事项审批表

________市场监督管理局
行政处罚案件有关事项审批表

案件名称	
审批事项	
提请审批的理由、依据及处理意见	经办人： 年 月 日
经办机构负责人意见	经办机构负责人： 年 月 日
部门负责人意见	部门负责人： 年 月 日
备注	

【说　明】

《行政处罚案件有关事项审批表》是市场监督管理部门在查办案件过程中，对需要经过部门负责人审批的事项，提请部门负责人审批时所使用的文书。

一、文书适用范围

除立案或者不予立案审批、行政处理决定审批、结案审批以外，在案件办理过程中其他需要提请部门负责人审批的，如作出回避决定、采取先行登记保存措施、采取行政强制措施、中止案件调查、恢复案件调查、延长案件办理期限、指定听证主持人等，使用本文书。

二、文书制作提示

1. 案件名称按照“当事人姓名（名称）+涉嫌+违法行为性质+案”的方式表述。

2. 对《市场监督管理行政处罚程序规定》第三十六条规定的情形，需要在二十四小时内补办行政强制措施批准手续的，审批表中的时间应当精确到时、分。

【法律依据】

《市场监督管理行政处罚程序规定》（2021年7月2日）

第三十六条　市场监督管理部门可以依据法律、法规的规定采取查封、扣押等行政强制措施。采取或者解除行政强制措施，应当经市场监督管理部门负责人批准。

情况紧急，需要当场采取行政强制措施的，办案人员应当在二十四小时内向市场监督管理部门负责人报告，并补办批准手续。市场监督管理部门负责人认为不应当采取行政强制措施的，应当立即解除。

9. 现场笔录

________市场监督管理局
现场笔录

时间：_____年___月___日___时___分至_____年___月___日___时___分

地点：________________________________

检查人员：________________ 执法证号：________________

检查人员：________________ 执法证号：________________

当事人：________________________________

主体资格证照名称：________________________________

统一社会信用代码：________________________________

住所（住址）：________________________________

法定代表人（负责人、经营者）：________________________________

身份证件号码：________________联系电话：________________

通知当事人到场情况：________________________________

____

____

检查人员：我们是________________________________的执法人员，依法就________________________________进行现场检查，请予配合。现向你出示我们的执法证件，你是否看清楚？

当事人：________________________________

检查人员：你有权进行陈述和申辩。你应当如实回答询问，并协助调查或者

当事人：________________________ 年　　月　　日

见证人：________________________ 年　　月　　日

检查人员：____________、____________ 年　　月　　日

检查，不得拒绝或者阻挠。你认为检查人员与你（单位）有直接利害关系或者有其他关系可能影响公正执法的，依法有申请回避的权利。你是否申请检查人员回避？

当事人：______________________________

现场情况：______________________________

____
____
____
____
____
____
____
____
____
____
____
____
____
____
____
____
____
____

当事人：______________________________年　月　日

见证人：______________________________年　月　日

检查人员：______________、______________年　月　日

第　页共　页

____
____
____
____
____
____
____
____
____

[如实施行政强制措施，当场告知当事人采取行政强制措施的理由、依据以及依法享有的权利、救济途径情况：__________________________
____
____
____

当事人的陈述和申辩：__________________________
____
____
____]

检查人员：以上是本次现场检查的情况记录，请核对/已向你宣读。如果属实请签名。

当事人：

当事人：__________________________ 年 月 日

见证人：__________________________ 年 月 日

检查人员：____________、____________ 年 月 日

【说　明】

《现场笔录》是市场监督管理部门执法人员对有违法嫌疑的物品或者场所进行检查，记录现场检查过程、收集现场证据时所使用的文书。

一、文书适用范围

市场监督管理部门执法人员依据《市场监督管理行政处罚程序规定》第二十八条的规定对有违法嫌疑的物品或者场所进行检查，对检查过程以及其他现场情况进行记录的，使用本文书。

二、文书制作提示

1. 当事人有主体资格证照的，按照当事人主体资格证照记载事项填写主体资格证照名称、统一社会信用代码、住所（住址）、法定代表人（负责人）等信息。当事人是个体工商户且有字号的，以字号名称为当事人名称，同时填写经营者姓名、身份证件号码。当事人主体资格证照未加载统一社会信用代码的，填写当事人主体资格证照名称及号码。

当事人是个人的，按照居民身份证记载事项填写姓名、住址及公民身份号码等信息。如无居民身份证的，填写其他有效身份证件名称及号码。

2. 当事人本人、授权委托人、法定代表人、负责人、检查现场的员工或者现场负责人员，在当事人栏签名。如果无法通知当事人，当事人不到场或者拒绝接受调查，当事人拒绝签名、盖章或者以其他方式确认的，办案人员应当在笔录上注明情况，并采取录音、录像等方式记录，必要时可以邀请有关人员作为见证人。邀请见证人到场的，在“通知当事人到场情况”栏同时填写见证人身份信息，并由见证人逐页签名。

3. 如在“现场情况”最后一行文字后有空白，应当在最后一行文字后加上“以下空白”字样。

4. 当事人对笔录进行核对的，检查人员选择“请核对”，由当事人在笔录最后处写上“已核对，属实、无误”，并应当签名、盖章或者以其他方式确认。当事人阅读有困难的，应当向其宣读笔录，检查人员选择“已向你宣读”，由当事人签名、盖章或者以其他方式确认宣读情况。

5. 笔录应当由当事人逐页签名、盖章或者以其他方式确认。检查人员也应当在笔录上逐页签名。笔录有涂改的，涂改部分要由当事人签名、盖章或者以其他方式确认。

6. 如实施行政强制措施，当场送达的《实施行政强制措施决定书》已告知采取行政强制措施的理由、依据以及当事人依法享有的权利、救济途径等情况的，在笔录中可以对上述情况作简单指引性说明。当事人当场进行陈述、申辩的，要如实记载当事人陈述、申辩的情况；如当事人在现场检查时不提出陈述、申辩的，应当记载当事人未提出陈述、申辩的情况。

【法律依据】

《市场监督管理行政处罚程序规定》（2021 年 7 月 2 日）

第二十八条 对有违法嫌疑的物品或者场所进行检查时，应当通知当事人到场。办案人员应当制作现场笔录，载明时间、地点、事件等内容，由办案人员、当事人签名或者盖章。

10. 送达地址确认书

________市场监督管理局
送达地址确认书

<table>
<tr><td>受送达人</td><td colspan="2"></td></tr>
<tr><td>告知事项</td><td colspan="2">依据《市场监督管理行政处罚程序规定》第八十二条第三项、第八十三条的规定，告知如下：
一、为便于及时收到市场监督管理部门的相关文书，保证案件调查的顺利进行，市场监督管理部门可以要求受送达人签署送达地址确认书，送达至受送达人确认的地址，即视为送达。
二、受送达人送达地址发生变更的，应当及时书面告知市场监督管理部门；未及时告知的，市场监督管理部门按原地址送达，视为依法送达。
三、因受送达人提供的送达地址不准确、送达地址变更未书面告知市场监督管理部门，导致执法文书未能被受送达人实际接收的，直接送达的，执法文书留在该地址之日为送达之日；邮寄送达的，执法文书被退回之日为送达之日。
四、经受送达人同意，可以采用手机短信、传真、电子邮件、即时通讯账号等能够确认其收悉的电子方式送达执法文书，手机短信、传真、电子邮件、即时通讯信息等到达受送达人特定系统的日期为送达日期。</td></tr>
<tr><td rowspan="5">送达地址及送达方式</td><td>是否接受电子送达
□是□否</td><td>□手机号码：________
□传真号码：________
□电子邮件地址：________
□即时通讯账号：________
以传真、电子邮件等到达本人特定系统的日期为送达日期。</td></tr>
<tr><td>送达地址</td><td></td></tr>
<tr><td>收件人</td><td></td></tr>
<tr><td>收件人联系电话</td><td></td></tr>
<tr><td>邮政编码</td><td></td></tr>
<tr><td>受送达人确认</td><td colspan="2">本人已经阅读（已向本人宣读）上述告知事项，保证以上送达地址及送达方式准确、有效，清楚了解并同意本确认书内容及法律意义。
受送达人（委托代理人）：
年　月　日</td></tr>
<tr><td>备注</td><td colspan="2"></td></tr>
</table>

【说　明】

《送达地址确认书》是市场监督管理部门要求受送达人确认送达地址和选择送达方式时所使用的文书。

一、文书适用范围

市场监督管理部门在查办案件的过程中，依据《市场监督管理行政处罚程序规定》第八十二条第三项、第八十三条的规定，请受送达人同意市场监督管理部门以电子方式送达执法文书、确认送达地址的，使用本文书。

二、文书制作提示

1. 送达地址及送达方式应当由受送达人本人或者委托代理人填写；受送达人不能书写又没有代理人的，可以口述后由执法人员代为填写，并经执法人员向其宣读后，由受送达人签名、盖章或者以其他方式确认。

2. 受送达人委托代理人签署本文书的，应当提供有相应权限的授权委托书及委托代理人的身份证明文件。

3. 如受送达人对本文书的适用范围和期限有明确要求的，应当在备注栏中注明。

【法律依据】

《市场监督管理行政处罚程序规定》（2021 年 7 月 2 日）

第八十二条　市场监督管理部门送达执法文书，应当按照下列方式进行：

（一）直接送达的，由受送达人在送达回证上注明签收日期，并签名或者盖章，受送达人在送达回证上注明的签收日期为送达日期。受送达人是自然人的，本人不在时交其同住成年家属签收；受送达人是法人或者其他组织的，应当由法人的法定代表人、其他组织的主要负责人或者该法人、其他组织负责收件的人签收；受送达人有代理人的，可以送交其代理人签收；受送达人已向市场监督管理部门指定代收人的，送交代收人签收。受送达人的同住成年家属，法人或者其他组织负责收件的人，代理人或者代收人在送达回证上签收的日期为送达日期。

（二）受送达人或者其同住成年家属拒绝签收的，市场监督管理部门可以邀请有关基层组织或者所在单位的代表到场，说明情况，在送达回证上载明拒收事由和日期，由送达人、见证人签名或者以其他方式确认，将执法文书留在受送达人的住所；也可以将执法文书留在受送达人的住所，并采取拍照、录像等方式记录送达过程，即视为送达。

（三）经受送达人同意并签订送达地址确认书，可以采用手机短信、传真、电子邮件、即时通讯账号等能够确认其收悉的电子方式送达执法文书，市场监督管理部门应当通过拍照、截屏、录音、录像等方式予以记录，手机短信、传真、电子邮件、即时通讯信息等到达受送达人特定系统的日期为送达日期。

（四）直接送达有困难的，可以邮寄送达或者委托当地市场监督管理部门、转交其他部门代为送达。邮寄送达的，以回执上注明的收件日期为送达日期；委托、转交送达的，受送达人的签收日期为送达日期。

（五）受送达人下落不明或者采取上述方式无法送达的，可以在市场监督管理部门公告栏和受送达人住所地张贴公告，也可以在报纸或者市场监督管理部门门户网站等刊登公告。自公告发布之日起经过六十日，即视为送达。公告送达，应当在案件材料中载明原因和经过。在市场监督管理部门公告栏和受送达人住所地张贴公告的，应当采取拍照、录像等方式记录张贴过程。

第八十三条 市场监督管理部门可以要求受送达人签署送达地址确认书，送达至受送达人确认的地址，即视为送达。受送达人送达地址发生变更的，应当及时书面告知市场监督管理部门；未及时告知的，市场监督管理部门按原地址送达，视为依法送达。

因受送达人提供的送达地址不准确、送达地址变更未书面告知市场监督管理部门，导致执法文书未能被受送达人实际接收的，直接送达的，执法文书留在该地址之日为送达之日；邮寄送达的，执法文书被退回之日为送达之日。

11. 证据提取单

________市场监督管理局

证据提取单

<table>
<tr><td>证据名称</td><td></td></tr>
<tr><td>取证时间</td><td></td></tr>
<tr><td>取证地点</td><td></td></tr>
<tr><td colspan="2">证据内容：

（证据粘贴处。如证据较多，可在此处说明数量、证明对象等信息，证据附后并加盖骑缝章）</td></tr>
<tr><td colspan="2">执法人员：__________执法证号：__________ ____年___月___日
__________执法证号：__________ ____年___月___日
见 证 人：____________________ ____年___月___日</td></tr>
<tr><td colspan="2">证据核对意见：

证据提供人：____________________ ____年___月___日</td></tr>
</table>

【说　明】

《证据提取单》是在调查取证过程中收集、调取书证、物证、视听资料、电子数据等证据时所使用的文书。

一、文书适用范围

依据《市场监督管理行政处罚程序规定》第二十四条、第二十五条、第二十六条的规定，市场监督管理部门在调查取证过程中收集、调取书证、物证、视听资料、电子数据等证据的，使用本文书。

二、文书制作提示

1. 收集、调取的书证、物证应当是原件、原物。调取原件、原物有困难的，可以提取复制件、影印件或者抄录件，也可以拍摄或者制作足以反映原件、原物外形或者内容的照片、录像。复制件、影印件、抄录件和照片、录像由证据提供人核对无误后注明与原件、原物一致，并注明证据出处、出证日期，同时签名或者盖章。

2. 收集、调取的视听资料应当是有关资料的原始载体。调取视听资料原始载体有困难的，可以提取复制件，并注明制作方法、制作时间、制作人、证明对象等。复制件由证据提供人核对无误后注明与原始内容一致，同时签名或者盖章。声音资料应当附有该声音内容的文字记录。

3. 收集、调取电子数据证据的，可以根据调查取证的需要使用本文书。

4. 证据内容中括号内的楷体文字为内容提示，不体现在文书内容中。

【法律依据】

《市场监督管理行政处罚程序规定》（2021 年 7 月 2 日）

第二十四条　收集、调取的书证、物证应当是原件、原物。调取原件、原物有困难的，可以提取复制件、影印件或者抄录件，也可以拍摄或者制作足以反映原件、原物外形或者内容的照片、录像。复制件、影印件、抄录件和照片、录像由证据提供人核对无误后注明与原件、原物一致，并注明出证日期、证据出处，同时签名或者盖章。

第二十五条　收集、调取的视听资料应当是有关资料的原始载体。调取视听资料原始载体有困难的，可以提取复制件，并注明制作方法、制作时间、制作人等。声音资料应当附有该声音内容的文字记录。

第二十六条 收集、调取的电子数据应当是有关数据的原始载体。收集电子数据原始载体有困难的，可以采用拷贝复制、委托分析、书式固定、拍照录像等方式取证，并注明制作方法、制作时间、制作人等。

市场监督管理部门可以利用互联网信息系统或者设备收集、固定违法行为证据。用来收集、固定违法行为证据的互联网信息系统或者设备应当符合相关规定，保证所收集、固定电子数据的真实性、完整性。

市场监督管理部门可以指派或者聘请具有专门知识的人员，辅助办案人员对案件关联的电子数据进行调查取证。

市场监督管理部门依照法律、行政法规规定利用电子技术监控设备收集、固定违法事实的，依照《中华人民共和国行政处罚法》有关规定执行。

12. 电子数据证据提取笔录

________市场监督管理局
电子数据证据提取笔录

时间：______年____月____日____时____分至______年____月____日____时____分

地点：____

被检查人：____

提 取 人：____

执法人员：________________执法证号：________________

________________执法证号：________________

提取的电子数据原始存储介质名称及状态：________________

____

____

____

提取方法和过程：____

____

____

____

____

提取的电子数据内容：____

____

____

____

被检查人：________________________ 年 月 日

提 取 人：________________________ 年 月 日

执法人员：____________、____________ 年 月 日

第 页共 页

____

电子数据的完整性校验值：____________________________________

执法人员：以上是本次电子数据提取情况的记录，请核对/已向你宣读。如果属实请签名。

被检查人：

被检查人：____________________________ 年 月 日

提 取 人：____________________________ 年 月 日

执法人员：____________、____________ 年 月 日

第 页共 页

【说　明】

《电子数据证据提取笔录》是采用拷贝复制、委托分析、书式固定、拍照录像等方式对电子数据进行取证所使用的文书。

一、文书适用范围

依据《市场监督管理行政处罚程序规定》第二十六条的规定，市场监督管理部门采用拷贝复制、委托分析、书式固定、拍照录像等方式提取电子数据的，使用本文书。

二、文书制作提示

1. 电子数据原始存储介质名称及状态应当列明相关存储介质的名称、存放地点、信号开闭状况及是否采取强制措施等情况。

2. 提取方法和过程应当列明提取的方法、过程、提取后电子数据的存储介质名称等内容。

3. 提取的电子数据内容应当列明提取电子数据的名称、类别、文件格式等内容。

4. 电子数据的完整性校验值应当根据技术要求，结合案件情况填写。

5. 被检查人对笔录进行核对的，执法人员选择“请核对”，由被检查人在笔录最后处写上“已核对，属实、无误”，并应当签名、盖章或者以其他方式确认。被检查人阅读有困难的，应当向其宣读笔录，执法人员选择“已向你宣读”，由被检查人签名、盖章或者以其他方式确认宣读情况。

6. 提取人应当是执法人员或者市场监督管理部门根据《市场监督管理行政处罚程序规定》第二十六条第三款的规定指派或者聘请的具有专门知识的人员。

【法律依据】

《市场监督管理行政处罚程序规定》（2021年7月2日）

第二十六条　收集、调取的电子数据应当是有关数据的原始载体。收集电子数据原始载体有困难的，可以采用拷贝复制、委托分析、书式固定、拍照录像等方式取证，并注明制作方法、制作时间、制作人等。

市场监督管理部门可以利用互联网信息系统或者设备收集、固定违法行为证据。用来收集、固定违法行为证据的互联网信息系统或者设备应当符合相关规定，保证所收集、固定电子数据的真实性、完整性。

市场监督管理部门可以指派或者聘请具有专门知识的人员，辅助办案人员对案件关联的电子数据进行调查取证。

市场监督管理部门依照法律、行政法规规定利用电子技术监控设备收集、固定违法事实的，依照《中华人民共和国行政处罚法》有关规定执行。

13. 询问通知书

________市场监督管理局
询问通知书

____市监询通〔____〕__号

________________________：

为调查了解____

____

______________________________，请于____年____月____日____时____分

到____

接受询问调查。依据《中华人民共和国行政处罚法》第五十五条第二款的规定，你（单位）有如实回答询问、协助调查的义务。

请携带以下材料：

1. ____

2. ____

3. ____

如你（单位）委托其他人员接受询问调查的，委托代理人应当同时提供授权委托书及委托代理人身份证明。

联系人：________________、________________

联系电话：________________________________

________________市场监督管理局

（印　章）

年　　月　　日

本文书一式____份，____份送达，一份归档，________________________。

【说　明】

《询问通知书》是市场监督管理部门在依法行使职权、查办涉嫌违法案件过程中为查明案件事实，要求当事人或者相关人员接受询问、提供材料时所使用的文书。

一、文书适用范围

市场监督管理部门依据《市场监督管理行政处罚程序规定》第二十九条、第三十条第一款的规定，要求当事人或者相关人员接受询问、提供材料的，可以使用本文书。

二、文书制作提示

1. 需询问当事人或者相关人员并要求其同时提供有关材料的，可直接使用本文书，一般不需同时制发《限期提供材料通知书》。

2. 首次询问当事人或者相关人员的，需由被询问人提供居民身份证或者其他有效身份证件；当事人属于单位或者个体工商户的，还应当由当事人提供营业执照或者其他主体资格证照。

3. 办案人员要求当事人及其他有关单位、个人提供证明材料或者与违法行为有关的其他材料的，应当由材料提供人在有关材料上签名或者盖章。

4. 本文书需送达当事人或者相关人员，并归档。

【法律依据】

《中华人民共和国行政处罚法》（2021 年 1 月 22 日）

第五十五条　执法人员在调查或者进行检查时，应当主动向当事人或者有关人员出示执法证件。当事人或者有关人员有权要求执法人员出示执法证件。执法人员不出示执法证件的，当事人或者有关人员有权拒绝接受调查或者检查。

当事人或者有关人员应当如实回答询问，并协助调查或者检查，不得拒绝或者阻挠。询问或者检查应当制作笔录。

《市场监督管理行政处罚程序规定》（2021 年 7 月 2 日）

第二十九条　办案人员可以询问当事人及其他有关单位和个人。询问应当个别进行。询问应当制作笔录，询问笔录应当交被询问人核对；对阅读有困难的，应当向其宣读。笔录如有差错、遗漏，应当允许其更正或者补充。涂改部分应当由被询问人签名、盖章或者以其他方式确认。经核对无误后，由被询问人在笔录上逐页签名、盖章或者以其他方式确认。办案人员应当在笔录上签名。

第三十条 办案人员可以要求当事人及其他有关单位和个人在一定期限内提供证明材料或者与涉嫌违法行为有关的其他材料，并由材料提供人在有关材料上签名或者盖章。

市场监督管理部门在查处侵权假冒等案件过程中，可以要求权利人对涉案产品是否为权利人生产或者其许可生产的产品进行辨认，也可以要求其对有关事项进行鉴别。

14. 询问笔录

________市场监督管理局
询问笔录

时间：____年___月___日___时___分至____年___月___日___时___分第___次

地点：____

询问人：____________________执法证号：____________________

____________________执法证号：____________________

被询问人：______________________________性别：__________

身份证件号码：____

工作单位：______________________________职务：__________

联系电话：________________________其他联系方式：__________

联系地址：____

询问人：你好，我们是________________市场监督管理局的执法人员，已向你出示了我们的执法证件。你是否看清楚？

被询问人：____

问：我们依法就________________有关问题进行调查，请予配合。依照法律规定，你有权进行陈述和申辩。如果你认为调查人员与本案有直接利害关系或者有其他关系可能影响公正执法的，依法有申请回避的权利，你是否申请调查人员回避？

答：____

问：你应当如实回答询问，并协助调查，不得拒绝或者阻挠。你是否明白？

答：____

____

____

被询问人：________________________________年　　月　　日

询问人：____________、____________________年　　月　　日

第　　页共　　页

询问人： 以上是本次询问情况的记录，请核对/已向你宣读。与你所述一致请签名，如果有遗漏你可以补正。

被询问人：

被询问人：＿＿＿＿＿＿＿＿＿＿＿＿＿＿ 年 月 日

询问人：＿＿＿＿＿＿、＿＿＿＿＿＿ 年 月 日

【说 明】

《询问笔录》是为查清案情，对当事人和其他人员进行询问、调查并记录有关内容时所使用的文书。

一、文书适用范围

市场监督管理部门依据《市场监督管理行政处罚程序规定》第二十九条的规定，询问当事人和其他人员的，使用本文书。

二、文书制作提示

1. 被询问人不是当事人或者当事人的委托代理人的，不需告知其享有陈述权、申辩权以及申请回避的权利。

2. 每份询问笔录对应一个被询问人。

3. 如果笔录最后一行文字后有空白，应当在最后一行文字后加上“以下空白”字样。

4. 当事人对笔录进行核对的，询问人员选择“请核对”，由被询问人在笔录最后处写上“已核对，以上内容与我所述一致”，并应当签名、盖章或者以其他方式确认。被询问人阅读有困难的，应当向其宣读笔录，询问人员选择“已向你宣读”，由被询问人签名、盖章或者以其他方式确认宣读情况。

5. 笔录需更正的，涂改部分要由被询问人签名、盖章或者以其他方式确认。

【法律依据】

《市场监督管理行政处罚程序规定》（2021 年 7 月 2 日）

第二十九条 办案人员可以询问当事人及其他有关单位和个人。询问应当个别进行。询问应当制作笔录，询问笔录应当交被询问人核对；对阅读有困难的，应当向其宣读。笔录如有差错、遗漏，应当允许其更正或者补充。涂改部分应当由被询问人签名、盖章或者以其他方式确认。经核对无误后，由被询问人在笔录上逐页签名、盖章或者以其他方式确认。办案人员应当在笔录上签名。

15. 限期提供材料通知书

________市场监督管理局
限期提供材料通知书

____市监限提〔____〕__号

__________________________：

为调查了解__________________________，依据《市场监督管理行政处罚程序规定》第三十条第一款的规定，请你（单位）在收到本通知书后____日内向本局提供以下材料，并在材料上签名或者盖章。逾期不提供或者拒绝提供相关材料的，将依法承担法律责任。

1. ____

2. ____

3. ____

联系人：_________________________联系电话：______________________

联系地址：____

________________市场监督管理局

（印　章）

年　　月　　日

本文书一式____份，____份送达，一份归档，__________________________。

【说 明】

《限期提供材料通知书》是市场监督管理部门为查明案情，要求当事人及其他有关单位和个人在一定期限内提供证明材料或者与涉嫌违法行为有关的其他材料时所使用的文书。

一、文书适用范围

市场监督管理部门依据《市场监督管理行政处罚程序规定》第三十条第一款的规定，要求当事人及其他有关单位和个人在一定期限内提供证明材料或者与涉嫌违法行为有关的其他材料的，使用本文书。

二、文书制作提示

1. 需询问当事人并要求其同时提供有关材料的，可直接使用《询问通知书》，一般不需同时制发本文书。

2. 参照《最高人民法院关于适用〈中华人民共和国行政诉讼法〉的解释》第四十五条“被告有证据证明其在行政程序中依照法定程序要求原告或者第三人提供证据，原告或者第三人依法应当提供而没有提供，在诉讼程序中提供的证据，人民法院一般不予采纳”的规定，对认定案件事实的有关证据，市场监督管理部门要求当事人限期提供，有利于及时固定案件事实，防范因证据收集不全面、不及时而导致的执法风险。

3. 本文书需送达当事人或者其他有关单位和个人，并归档。

【法律依据】

《最高人民法院关于适用〈中华人民共和国行政诉讼法〉的解释》（2018年2月6日）

第四十五条 被告有证据证明其在行政程序中依照法定程序要求原告或者第三人提供证据，原告或者第三人依法应当提供而没有提供，在诉讼程序中提供的证据，人民法院一般不予采纳。

《市场监督管理行政处罚程序规定》（2021年7月2日）

第三十条 办案人员可以要求当事人及其他有关单位和个人在一定期限内提供证明材料或者与涉嫌违法行为有关的其他材料，并由材料提供人在有关材料上签名或者盖章。

市场监督管理部门在查处侵权假冒等案件过程中，可以要求权利人对涉案产品是否为权利人生产或者其许可生产的产品进行辨认，也可以要求其对有关事项进行鉴别。

16. 协助辨认/鉴别通知书

________市场监督管理局
协助辨认/鉴别通知书

____市监辨鉴通〔____〕__号

________________________：

依据《市场监督管理行政处罚程序规定》第三十条第二款的规定，本局现请你（单位）协助对以下事项进行辨认/鉴别：

□辨认以下物品是否为____________生产或者许可生产；

序号	名称	品牌	规格/型号	生产日期/批号	数量	备注

□（需要鉴别的事项）________________________________

请你（单位）于________年____月____日前提交由辨认/鉴别人（单位）签名或者盖章的辨认/鉴别文书，载明以下内容：辨认/鉴别的结论和具体的辨认/鉴别依据和理由。并请你（单位）随文书出具以下材料：

□ 权利人的身份证件/主体资格证照复印件和有关权利证明文件；受权利人委托进行辨认/鉴别并以自己名义出具文书的，须同时提供辨认/鉴别人（单位）的身份证件/主体资格证照复印件和相应授权委托书。

□ ____

联系人：____________________联系电话：__________________

联系地址：____

__________________市场监督管理局

（印　章）

年　　月　　日

本文书一式____份，____份送达，一份归档，____________________。

【说　明】

《协助辨认/鉴别通知书》是市场监督管理部门要求相关权利人对案件中专门事项进行辨认、鉴别时所使用的文书。

一、文书适用范围

依据《市场监督管理行政处罚程序规定》第三十条第二款的规定，市场监督管理部门在查处侵权假冒等案件过程中，要求权利人对涉案产品等进行辨认，或者对有关事项进行鉴别的，使用本文书。

二、文书制作提示

1. 市场监督管理部门在具体使用的过程中，应当在标题及正文中对辨认、鉴别进行选择。辨认是指权利人对涉案产品是否为权利人生产或者其许可生产进行辨认，鉴别是指权利人对有关事项进行鉴别。

2. 权利人有明确授权的委托代理人亦可在授权的期限和范围内进行辨认、鉴别。

3. 涉案物品较多的，应当要求相关权利人逐项进行辨认或者鉴别。

4. 使用本文书需填报《行政处罚案件有关事项审批表》，经市场监督管理部门负责人批准。

5. 本文书需送达权利人等有关人员，并归档。

【法律依据】

《市场监督管理行政处罚程序规定》（2021 年 7 月 2 日）

第三十条　办案人员可以要求当事人及其他有关单位和个人在一定期限内提供证明材料或者与涉嫌违法行为有关的其他材料，并由材料提供人在有关材料上签名或者盖章。

市场监督管理部门在查处侵权假冒等案件过程中，可以要求权利人对涉案产品是否为权利人生产或者其许可生产的产品进行辨认，也可以要求其对有关事项进行鉴别。

17. 协助调查函

________市场监督管理局
协助调查函

____市监协查〔____〕__号

________________________：

本局在办理____一案中，因____，依据《中华人民共和国行政处罚法》第二十六条、《市场监督管理行政处罚程序规定》第四十五条的规定/依据____的规定，请你单位协助调查以下事项：____

____

请你单位在收到本函后予以协助，并于________日内将调查结果加盖公章，连同相关证据材料送本局。需要延期完成的，请在期限届满前告知本局。

联系人：________________联系电话：________________

联系地址：________________________________

________________市场监督管理局

（印　章）

年　　月　　日

本文书一式____份，____份送达，一份归档，________________________。

【说　明】

《协助调查函》是市场监督管理部门在查处违法行为过程中，需要有关机关、其他市场监督管理部门等协助调查与案件有关的特定事项时所使用的文书。

一、文书适用范围

市场监督管理部门依据《市场监督管理行政处罚程序规定》第四十五条的规定，在办理行政处罚案件时，确需有关机关或者其他市场监督管理部门协助调查取证的，或者依据《中华人民共和国反不正当竞争法》等法律规定，需要银行等单位协助调查经营者银行账户等信息的，使用本文书。

二、文书制作提示

1. 需写明案件名称、请求协助调查的原因，有法律依据的应当写明相关法律规定。需要有关机关、其他市场监督管理部门协助调查取证的，法律依据是《中华人民共和国行政处罚法》第二十六条、《市场监督管理行政处罚程序规定》第四十五条，需要银行等单位协助调查经营者银行账户等信息的，应当写明《中华人民共和国反不正当竞争法》等法律依据具体条款。

2. 根据《市场监督管理行政处罚程序规定》第四十五条规定，收到协助调查函的市场监督管理部门对属于本部门职权范围的协助事项应当予以协助，在接到协助调查函之日起十五个工作日内完成相关工作。需要有关机关或者单位协助调查的，出具本文书时应当根据实际情况确定合理的协助调查期限。

3. 使用本文书需填报《行政处罚案件有关事项审批表》，经市场监督管理部门负责人批准。

4. 本文书需送达协助单位，并归档。

【法律依据】

《中华人民共和国行政处罚法》（2021 年 1 月 22 日）

第二十六条　行政机关因实施行政处罚的需要，可以向有关机关提出协助请求。协助事项属于被请求机关职权范围内的，应当依法予以协助。

《中华人民共和国反不正当竞争法》（2019 年 4 月 23 日）

第十三条　监督检查部门调查涉嫌不正当竞争行为，可以采取下列措施：

（一）进入涉嫌不正当竞争行为的经营场所进行检查；

（二）询问被调查的经营者、利害关系人及其他有关单位、个人，要求其说明有关情况或者提供与被调查行为有关的其他资料；

（三）查询、复制与涉嫌不正当竞争行为有关的协议、账簿、单据、文件、记录、业务函电和其他资料；

（四）查封、扣押与涉嫌不正当竞争行为有关的财物；

（五）查询涉嫌不正当竞争行为的经营者的银行账户。

采取前款规定的措施，应当向监督检查部门主要负责人书面报告，并经批准。采取前款第四项、第五项规定的措施，应当向设区的市级以上人民政府监督检查部门主要负责人书面报告，并经批准。

监督检查部门调查涉嫌不正当竞争行为，应当遵守《中华人民共和国行政强制法》和其他有关法律、行政法规的规定，并应当将查处结果及时向社会公开。

《市场监督管理行政处罚程序规定》（2021年7月2日）

第四十五条 市场监督管理部门在办理行政处罚案件时，确需有关机关或者其他市场监督管理部门协助调查取证的，应当出具协助调查函。

收到协助调查函的市场监督管理部门对属于本部门职权范围的协助事项应当予以协助，在接到协助调查函之日起十五个工作日内完成相关工作。需要延期完成的，应当在期限届满前告知提出协查请求的市场监督管理部门。

18. 协助扣押通知书

________市场监督管理局
协助扣押通知书

____市监协扣〔____〕__号

________________________:

本局在办理____一案中，作出《实施行政强制措施决定书》（___市监强制〔______〕______号），决定对____（详见《场所/设施/财物清单》文书编号：__________）进行扣押。依据《市场监督管理行政处罚程序规定》第三十九条的规定，请你单位予以协助。

联系人：________________________联系电话：____________________

联系地址：____

附件：1.《实施行政强制措施决定书》（____市监强制〔________〕________号）

2.《场所/设施/财物清单》（文书编号：____________）

________________市场监督管理局

（印　章）

年　　月　　日

本文书一式____份，____份送达，一份归档，________________________。

【说　明】

《协助扣押通知书》是市场监督管理部门在查处违法行为过程中，需要有关单位协助扣押当事人托运的物品时所使用的文书。

一、文书适用范围

市场监督管理部门依据《市场监督管理行政处罚程序规定》第三十九条的规定，通知有关单位协助扣押当事人托运的物品的，使用本文书。

二、文书制作提示

1. 本文书应当附《实施行政强制措施决定书》及《场所/设施/财物清单》。

2. 使用本文书需填报《行政处罚案件有关事项审批表》，经市场监督管理部门负责人批准。

3. 本文书需送达协助扣押单位及当事人，并归档。

【法律依据】

《市场监督管理行政处罚程序规定》（2021 年 7 月 2 日）

第三十九条　扣押当事人托运的物品，应当制作协助扣押通知书，通知有关单位协助办理，并书面通知当事人。

19. 先行登记保存证据通知书

________市场监督管理局
先行登记保存证据通知书

____市监先登〔____〕__号

当事人：____

主体资格证照名称：______________________________________

统一社会信用代码：______________________________________

住所（住址）：____

法定代表人（负责人、经营者）：__________________________

身份证件号码：____

联系电话：______________________其他联系方式：______________

为调查你（单位）涉嫌____
____，依据《中华人民共和国行政处罚法》第五十六条的规定，本局决定对你（单位）有关证据（详见《场所/设施/财物清单》文书编号：________）采取先行登记保存措施。先行登记保存的证据，存放在________________________。在此期间，你（单位）或者有关人员不得损毁、销毁或者转移证据。

本局将在七个工作日内对先行登记保存的证据依法作出处理决定。逾期未作出处理决定的，先行登记保存措施自动解除。

联系人：______________________联系电话：____________________

联系地址：____

附件：《场所/设施/财物清单》（文书编号：________________）

________________市场监督管理局

（印　章）

年　　月　　日

本文书一式____份，____份送达，一份归档，________________________。

【说　明】

《先行登记保存证据通知书》是查办案件过程中采取先行登记保存证据措施时所使用的文书。

一、文书适用范围

市场监督管理部门依据《中华人民共和国行政处罚法》第五十六条、《市场监督管理行政处罚程序规定》第三十三条的规定，在证据可能灭失或者以后难以取得的情况下，对与涉嫌违法行为有关的证据采取先行登记保存措施的，使用本文书。

二、文书制作提示

1. 当事人有主体资格证照的，按照当事人主体资格证照记载事项填写主体资格证照名称、统一社会信用代码、住所（住址）、法定代表人（负责人）等信息。当事人是个体工商户且有字号的，以字号名称为当事人名称，同时填写经营者姓名、身份证件号码。当事人主体资格证照未加载统一社会信用代码的，填写当事人主体资格证照名称及号码。

当事人是个人的，按照居民身份证记载事项填写姓名、住址及公民身份号码等信息。如无居民身份证的，填写其他有效身份证件名称及号码。

2. 先行登记保存的证据一般应当就地保存，由当事人妥为保管。对被登记保存物品状况应当在所附的《场所/设施/财物清单》中详细记录，登记保存地点要明确、清楚。

3. 使用本文书需填报《行政处罚案件有关事项审批表》，经市场监督管理部门负责人批准。

4. 本文书需送达当事人，并归档。

【法律依据】

《中华人民共和国行政处罚法》（2021 年 1 月 22 日）

第五十六条　行政机关在收集证据时，可以采取抽样取证的方法；在证据可能灭失或者以后难以取得的情况下，经行政机关负责人批准，可以先行登记保存，并应当在七日内及时作出处理决定，在此期间，当事人或者有关人员不得销毁或者转移证据。

《市场监督管理行政处罚程序规定》（2021 年 7 月 2 日）

第三十三条　在证据可能灭失或者以后难以取得的情况下，市场监督管理部门可以对与涉嫌违法行为有关的证据采取先行登记保存措施。采取或者解除先行登记保存措施，应当经市场监督管理部门负责人批准。

情况紧急，需要当场采取先行登记保存措施的，办案人员应当在二十四小时内向市场监督管理部门负责人报告，并补办批准手续。市场监督管理部门负责人认为不应当采取先行登记保存措施的，应当立即解除。

20. 解除先行登记保存证据通知书

________市场监督管理局
解除先行登记保存证据通知书

____市监解登〔____〕__号

__________________________：

本局于____年___月___日作出《先行登记保存证据通知书》（____市监先登〔____〕____号），对你（单位）有关证据采取先行登记保存措施，现决定自____年___月___日起对全部/部分证据（详见《场所/设施/财物清单》文书编号：__________）予以解除先行登记保存措施。

联系人：________________________联系电话：______________________

联系地址：____

附件：《场所/设施/财物清单》（文书编号：__________）

________________市场监督管理局

（印　章）

年　　月　　日

本文书一式____份，____份送达，一份归档，________________________。

【说　明】

《解除先行登记保存证据通知书》是在查办案件过程中，对先行登记保存的证据，决定解除先行登记保存措施时所使用的文书。

一、文书适用范围

市场监督管理部门依据《市场监督管理行政处罚程序规定》第三十三条第二款、第三十五条第一款第五项的规定，对先行登记保存的证据，决定解除先行登记保存措施的，使用本文书。

二、文书制作提示

1. 当事人是个体工商户且有字号的，以字号名称为当事人名称；没有字号的，填写经营者的姓名。

2. 部分解除先行登记保存措施的，应当另行制作《场所/设施/财物清单》，写明解除财物的名称、规格、型号及数量等，并由办案人员和当事人在《场所/设施/财物清单》上签名或者盖章。

3. 使用本文书需填报《行政处罚案件有关事项审批表》，经市场监督管理部门负责人批准。

4. 本文书需送达当事人，并归档。

【法律依据】

《市场监督管理行政处罚程序规定》（2021 年 7 月 2 日）

第三十三条　在证据可能灭失或者以后难以取得的情况下，市场监督管理部门可以对与涉嫌违法行为有关的证据采取先行登记保存措施。采取或者解除先行登记保存措施，应当经市场监督管理部门负责人批准。

情况紧急，需要当场采取先行登记保存措施的，办案人员应当在二十四小时内向市场监督管理部门负责人报告，并补办批准手续。市场监督管理部门负责人认为不应当采取先行登记保存措施的，应当立即解除。

第三十五条　对于先行登记保存的证据，应当在七个工作日内采取以下措施：

（一）根据情况及时采取记录、复制、拍照、录像等证据保全措施；

（二）需要检测、检验、检疫、鉴定的，送交检测、检验、检疫、鉴定；

（三）依据有关法律、法规规定可以采取查封、扣押等行政强制措施的，决定采取行政强制措施；

（四）违法事实成立，应当予以没收的，作出行政处罚决定，没收违法物品；

（五）违法事实不成立，或者违法事实成立但依法不应当予以查封、扣押或者没收的，决定解除先行登记保存措施。

逾期未采取相关措施的，先行登记保存措施自动解除。

21. 实施行政强制措施决定书

________市场监督管理局
实施行政强制措施决定书

____市监强制〔____〕__号

当事人：____
主体资格证照名称：________________________________
统一社会信用代码：________________________________
住所（住址）：____________________________________
法定代表人（负责人、经营者）：______________________
身份证件号码：____________________________________
联系电话：________________其他联系方式：____________

经查，你（单位）涉嫌________________________________，本局依据____

____的规定，决定对有关场所/设施/财物（详见《场所/设施/财物清单》文书编号：__________）实施________行政强制措施。

实施行政强制措施的期限为____日。情况复杂，需要延长强制措施期限的，本局将书面告知。对物品需要进行检测、检验、检疫或者技术鉴定的，查封、扣押的期间不包括检测、检验、检疫或者技术鉴定的期间，检测、检验、检疫或者技术鉴定的期间本局将书面告知。

查封/扣押的场所/设施/财物应当妥善保管，任何人不得随意动用或者损毁。

你（单位）可以对本行政强制措施决定进行陈述和申辩。如对本决定不服，可以在收到本决定之日起________内向____申请行政复议；也可以在________内依法向______________________________人民法院提起行政诉讼。

联系人：____________________联系电话：____________________

联系地址：____

附件：《场所/设施/财物清单》（文书编号：______________）

______________市场监督管理局

（印　章）

年　　月　　日

本文书一式____份，____份送达，一份归档，______________________。

【说　明】

《实施行政强制措施决定书》是查办案件过程中，对当事人实施行政强制措施时所使用的文书。

一、文书适用范围

市场监督管理部门依据《中华人民共和国行政强制法》第二十二条、第二十三条、第二十四条、第二十五条和其他相关法律、法规规定，对涉案场所、设施、财物实施行政强制措施的，使用本文书。

二、文书制作提示

1. 当事人有主体资格证照的，按照当事人主体资格证照记载事项填写主体资格证照名称、统一社会信用代码、住所（住址）、法定代表人（负责人）等信息。当事人是个体工商户且有字号的，以字号名称为当事人名称，同时填写经营者姓名、身份证件号码。当事人主体资格证照未加载统一社会信用代码的，填写当事人主体资格证照名称及号码。

当事人是个人的，按照居民身份证记载事项填写姓名、住址及公民身份号码等信息。如无居民身份证的，填写其他有效身份证件名称及号码。

2. 实施行政强制措施应当有法律、法规依据，填写本文书时应当写明所依据的具体条款。

3. 市场监督管理部门实施行政强制措施时，应当依据《中华人民共和国行政强制法》第十八条的规定制作现场笔录。

4. 强制措施期限应当明确具体。查封、扣押的期限不得超过三十日；情况复杂的，经行政机关负责人批准，可以延长，但是延长期限不得超过三十日。法律、行政法规另有规定的除外。

5. 对行政强制措施决定不服的，依法申请行政复议的期限为六十日，法律规定的申请期限超过六十日的从其规定；依法提起行政诉讼的期限为六个月，法律另有规定的从其规定。

6. 使用本文书需填报《行政处罚案件有关事项审批表》，经市场监督管理部门负责人批准。依据《中华人民共和国反不正当竞争法》第十三条第二款、《禁止传销条例》第十四条第二款等规定，对批准程序有特别规定的从其规定。

7. 本文书需送达当事人，并归档。

【法律依据】

《中华人民共和国行政强制法》（2011 年 6 月 30 日）

第十八条 行政机关实施行政强制措施应当遵守下列规定：

（一）实施前须向行政机关负责人报告并经批准；

（二）由两名以上行政执法人员实施；

（三）出示执法身份证件；

（四）通知当事人到场；

（五）当场告知当事人采取行政强制措施的理由、依据以及当事人依法享有的权利、救济途径；

（六）听取当事人的陈述和申辩；

（七）制作现场笔录；

（八）现场笔录由当事人和行政执法人员签名或者盖章，当事人拒绝的，在笔录中予以注明；

（九）当事人不到场的，邀请见证人到场，由见证人和行政执法人员在现场笔录上签名或者盖章；

（十）法律、法规规定的其他程序。

第二十二条 查封、扣押应当由法律、法规规定的行政机关实施，其他任何行政机关或者组织不得实施。

第二十三条 查封、扣押限于涉案的场所、设施或者财物，不得查封、扣押与违法行为无关的场所、设施或者财物；不得查封、扣押公民个人及其所扶养家属的生活必需品。

当事人的场所、设施或者财物已被其他国家机关依法查封的，不得重复查封。

第二十四条 行政机关决定实施查封、扣押的，应当履行本法第十八条规定的程序，制作并当场交付查封、扣押决定书和清单。

查封、扣押决定书应当载明下列事项：

（一）当事人的姓名或者名称、地址；

（二）查封、扣押的理由、依据和期限；

（三）查封、扣押场所、设施或者财物的名称、数量等；

（四）申请行政复议或者提起行政诉讼的途径和期限；

（五）行政机关的名称、印章和日期。

查封、扣押清单一式二份，由当事人和行政机关分别保存。

第二十五条 查封、扣押的期限不得超过三十日；情况复杂的，经行政机关负责人批准，可以延长，但是延长期限不得超过三十日。法律、行政法规另有规定的除外。

延长查封、扣押的决定应当及时书面告知当事人，并说明理由。

对物品需要进行检测、检验、检疫或者技术鉴定的，查封、扣押的期间不包括检测、检验、检疫或者技术鉴定的期间。检测、检验、检疫或者技术鉴定的期间应当明确，并书面告知当事人。检测、检验、检疫或者技术鉴定的费用由行政机关承担。

《中华人民共和国反不正当竞争法》（2019 年 4 月 23 日）

第十三条 监督检查部门调查涉嫌不正当竞争行为，可以采取下列措施：

（一）进入涉嫌不正当竞争行为的经营场所进行检查；

（二）询问被调查的经营者、利害关系人及其他有关单位、个人，要求其说明有关情况或者提供与被调查行为有关的其他资料；

（三）查询、复制与涉嫌不正当竞争行为有关的协议、账簿、单据、文件、记录、业务函电和其他资料；

（四）查封、扣押与涉嫌不正当竞争行为有关的财物；

（五）查询涉嫌不正当竞争行为的经营者的银行账户。

采取前款规定的措施，应当向监督检查部门主要负责人书面报告，并经批准。采取前款第四项、第五项规定的措施，应当向设区的市级以上人民政府监督检查部门主要负责人书面报告，并经批准。

监督检查部门调查涉嫌不正当竞争行为，应当遵守《中华人民共和国行政强制法》和其他有关法律、行政法规的规定，并应当将查处结果及时向社会公开。

《禁止传销条例》（2005 年 8 月 23 日）

第十四条 县级以上工商行政管理部门对涉嫌传销行为进行查处时，可以采取下列措施：

（一）责令停止相关活动；

（二）向涉嫌传销的组织者、经营者和个人调查、了解有关情况；

（三）进入涉嫌传销的经营场所和培训、集会等活动场所，实施现场检查；

（四）查阅、复制、查封、扣押涉嫌传销的有关合同、票据、账簿等资料；

（五）查封、扣押涉嫌专门用于传销的产品（商品）、工具、设备、原材料等财物；

（六）查封涉嫌传销的经营场所；

（七）查询涉嫌传销的组织者或者经营者的账户及与存款有关的会计凭证、账簿、对账单等；

（八）对有证据证明转移或者隐匿违法资金的，可以申请司法机关予以冻结。

工商行政管理部门采取前款规定的措施，应当向县级以上工商行政管理部门主要负责人书面或者口头报告并经批准。遇有紧急情况需要当场采取前款规定措施的，应当在事后立即报告并补办相关手续；其中，实施前款规定的查封、扣押，以及第（七）项、第（八）项规定的措施，应当事先经县级以上工商行政管理部门主要负责人书面批准。

22. 延长行政强制措施期限决定书

________市场监督管理局
延长行政强制措施期限决定书

____市监延强〔____〕__号

__________________________：

本局于___年__月__日作出《实施行政强制措施决定书》（_____市监强制〔____〕____号），对你（单位）有关场所/设施/财物（详见《场所/设施/财物清单》文书编号：____________）采取____________行政强制措施。因情况复杂，依据《中华人民共和国行政强制法》第二十五条第一款、第二款/____的规定，经本局负责人批准，决定将该行政强制措施的期限延长____日。

你（单位）可以对本延长行政强制措施期限决定进行陈述和申辩。如对本延长行政强制措施期限决定不服，可以在收到本决定之日起________内向____________申请行政复议；也可以在________内依法向____________人民法院提起行政诉讼。

联系人：________________________联系电话：______________________

联系地址：____

________________市场监督管理局

（印　章）

年　　月　　日

本文书一式____份，____份送达，一份归档，________________________。

【说 明】

《延长行政强制措施期限决定书》是在查办案件过程中，因情况复杂需要延长实施行政强制措施期限时所使用的文书。

一、文书适用范围

市场监督管理部门依据《中华人民共和国行政强制法》第二十五条第一款、第二款和《市场监督管理行政处罚程序规定》第三十八条第一款、第二款等规定，对已实施行政强制措施的场所、设施、财物，依法延长实施行政强制措施期限的，使用本文书。

二、文书制作提示

1. 当事人是个体工商户且有字号的，以字号名称为当事人名称；没有字号的，填写经营者的姓名。

2. 依据《中华人民共和国行政强制法》第二十五条第一款的规定，延长行政强制措施期限的期限不得超过三十日。《禁止传销条例》《中华人民共和国食品安全法实施条例》等法律、行政法规对延长期限另有规定的，从其规定。

3. 对延长行政强制措施决定不服的，依法申请行政复议的期限为六十日，法律规定的申请期限超过六十日的从其规定；依法提起行政诉讼的期限为六个月，法律另有规定的从其规定。

4. 使用本文书需填报《行政处罚案件有关事项审批表》，经市场监督管理部门负责人批准。依据《中华人民共和国反不正当竞争法》第十三条第二款、《禁止传销条例》第十八条第一款等规定，对批准程序有特别规定的从其规定。

5. 本文书需送达当事人，并归档。

【法律依据】

《中华人民共和国行政强制法》（2011 年 6 月 30 日）

第二十五条 查封、扣押的期限不得超过三十日；情况复杂的，经行政机关负责人批准，可以延长，但是延长期限不得超过三十日。法律、行政法规另有规定的除外。

延长查封、扣押的决定应当及时书面告知当事人，并说明理由。

对物品需要进行检测、检验、检疫或者技术鉴定的，查封、扣押的期间不包括检测、检验、检疫或者技术鉴定的期间。检测、检验、检疫或者技术鉴定的期间应当明确，并书面告知当事人。检测、检验、检疫或者技术鉴定的费用由行政机关承担。

《中华人民共和国反不正当竞争法》（2019 年 4 月 23 日）

第十三条 监督检查部门调查涉嫌不正当竞争行为，可以采取下列措施：

（一）进入涉嫌不正当竞争行为的经营场所进行检查；

（二）询问被调查的经营者、利害关系人及其他有关单位、个人，要求其说明有关情况或者提供与被调查行为有关的其他资料；

（三）查询、复制与涉嫌不正当竞争行为有关的协议、账簿、单据、文件、记录、业务函电和其他资料；

（四）查封、扣押与涉嫌不正当竞争行为有关的财物；

（五）查询涉嫌不正当竞争行为的经营者的银行账户。

采取前款规定的措施，应当向监督检查部门主要负责人书面报告，并经批准。采取前款第四项、第五项规定的措施，应当向设区的市级以上人民政府监督检查部门主要负责人书面报告，并经批准。

监督检查部门调查涉嫌不正当竞争行为，应当遵守《中华人民共和国行政强制法》和其他有关法律、行政法规的规定，并应当将查处结果及时向社会公开。

《禁止传销条例》（2005 年 8 月 23 日）

第十八条 工商行政管理部门实施查封、扣押的期限不得超过 30 日；案件情况复杂的，经县级以上工商行政管理部门主要负责人批准，可以延长 15 日。

对被查封、扣押的财物，工商行政管理部门应当妥善保管，不得使用或者损毁；造成损失的，应当承担赔偿责任。但是，因不可抗力造成的损失除外。

《中华人民共和国食品安全法实施条例》（2019 年 10 月 11 日）

第六十一条 县级以上人民政府食品安全监督管理部门依照食品安全法第一百一十条的规定实施查封、扣押措施，查封、扣押的期限不得超过 30 日；情况复杂的，经实施查封、扣押措施的食品安全监督管理部门负责人批准，可以延长，延长期限不得超过 45 日。

《市场监督管理行政处罚程序规定》（2021 年 7 月 2 日）

第三十八条 查封、扣押的期限不得超过三十日；情况复杂的，经市场监督管理部门负责人批准，可以延长，但是延长期限不得超过三十日。法律、行政法规另有规定的除外。

延长查封、扣押的决定应当及时书面告知当事人，并说明理由。

对物品需要进行检测、检验、检疫、鉴定的，查封、扣押的期间不包括检测、检验、检疫、鉴定的期间。检测、检验、检疫、鉴定的期间应当明确，并书面告知当事人。

23. 解除行政强制措施决定书

________市场监督管理局
解除行政强制措施决定书

____市监解强〔____〕__号

__________________________：

本局于___年__月__日作出《实施行政强制措施决定书》（_____市监强制〔____〕____号），对你（单位）有关场所/设施/财物采取________________行政强制措施［并于____年___月___日作出《延长行政强制措施期限决定书》（____市监延强〔____〕____号），将行政强制措施期限延长至____年___月___日］。依据____的规定，本局决定自____年___月___日起对全部/部分物品（详见《场所/设施/财物清单》文书编号：________）予以解除行政强制措施。

联系人：________________________联系电话：______________________

联系地址：____

附件：《场所/设施/财物清单》（文书编号：______________）

________________市场监督管理局

（印　章）

年　　月　　日

本文书一式____份，____份送达，一份归档，__________________________。

【说　明】

《解除行政强制措施决定书》是市场监督管理部门决定解除行政强制措施时所使用的文书。

一、文书适用范围

市场监督管理部门依据《中华人民共和国行政强制法》第二十八条和《市场监督管理行政处罚程序规定》第四十二条等规定，对已实施行政强制措施的场所、设施、财物，依法解除行政强制措施的，使用本文书。

二、文书制作提示

1. 当事人是个体工商户且有字号的，以字号名称为当事人名称；没有字号的，填写经营者的姓名。

2. 行政强制措施期限经延长的，应当载明延长行政强制措施决定的相应内容。

3. 部分解除行政强制措施的，应当另行制作《场所/设施/财物清单》，写明解除财物的名称、规格、型号及数量等，并由办案人员和当事人在《场所/设施/财物清单》上签名或者盖章。

4. 使用本文书需填报《行政处罚案件有关事项审批表》，经市场监督管理部门负责人批准。

5. 本文书需送达当事人，并归档。

【法律依据】

《中华人民共和国行政强制法》（2011 年 6 月 30 日）

第二十八条　有下列情形之一的，行政机关应当及时作出解除查封、扣押决定：

（一）当事人没有违法行为；

（二）查封、扣押的场所、设施或者财物与违法行为无关；

（三）行政机关对违法行为已经作出处理决定，不再需要查封、扣押；

（四）查封、扣押期限已经届满；

（五）其他不再需要采取查封、扣押措施的情形。

解除查封、扣押应当立即退还财物；已将鲜活物品或者其他不易保管的财物拍卖或者变卖的，退还拍卖或者变卖所得款项。变卖价格明显低于市场价格，给当事人造成损失的，应当给予补偿。

《市场监督管理行政处罚程序规定》（2021 年 7 月 2 日）

第四十二条 有下列情形之一的，市场监督管理部门应当及时作出解除查封、扣押决定：

（一）当事人没有违法行为；

（二）查封、扣押的场所、设施或者财物与违法行为无关；

（三）对违法行为已经作出处理决定，不再需要查封、扣押；

（四）查封、扣押期限已经届满；

（五）其他不再需要采取查封、扣押措施的情形。

解除查封、扣押应当立即退还财物，并由办案人员和当事人在财物清单上签名或者盖章。市场监督管理部门已将财物依法先行处置并有所得款项的，应当退还所得款项。先行处置明显不当，给当事人造成损失的，应当给予补偿。

当事人下落不明或者无法确定涉案物品所有人的，应当按照本规定第八十二条第五项规定的公告送达方式告知领取。公告期满仍无人领取的，经市场监督管理部门负责人批准，将涉案物品上缴或者依法拍卖后将所得款项上缴国库。

24. 场所/设施/财物清单

________市场监督管理局
场所/设施/财物清单

文书编号：________

序号	标称名称/场所	规格（型号）/场所地址	单位	数量	备注

当事人：________________________ 年 月 日

执法人员：________________________ 年 月 日

________________________ 年 月 日

见证人：________________________ 年 月 日

第 页共 页

序号	标称名称/ 场所	规格（型号）/ 场所地址	单位	数量	备注

当事人：＿＿＿＿＿＿＿＿＿＿＿＿＿＿＿＿年　月　日

执法人员：＿＿＿＿＿＿＿＿＿＿＿＿＿＿＿年　月　日

＿＿＿＿＿＿＿＿＿＿＿＿＿＿＿年　月　日

见证人：＿＿＿＿＿＿＿＿＿＿＿＿＿＿＿＿年　月　日

第　页共　页

本文书一式____份，____份送达，一份归档，______________________。

【说　明】

《场所/设施/财物清单》是市场监督管理部门在办案过程中，对涉案场所、设施、财物进行详细登记造册的书面凭证。

一、文书适用范围

市场监督管理部门依法采取或者解除先行登记保存措施，实施或者解除行政强制措施，委托检测、检验、检疫、鉴定，进行抽样取证等需要记载场所、设施、财物情况的，使用本文书。

二、文书制作提示

1. 本文书使用时，由办案人员按照登记造册的场所、设施、财物在标题上选择相应类别。

2. 本文书应当有文书编号。文书编号由各单位根据实际情况，自行编排。

3. 设施、财物的生产厂家、生产日期、单价、批号、包装情况、物品状态等事项，以及场所的相关事项，需要详细记载的可以在备注栏予以注明。

4. 表格内容有空白的，需在最后一行物品内容下方加注“以下空白”字样。

5. 当事人核对无误后，可由其在清单末尾写明：“上述内容经核对无误”。清单应当由当事人逐页签名、盖章或者以其他方式确认。执法人员也应当在清单上逐页签名。

6. 向司法机关移送涉案物品的，可参考此清单制作移送物品清单，由移送单位和接收单位签章确认。

7. 本文书需送达当事人，并归档。

25. 封　条

封　　　　条

× × × 市 场 监 督 管 理 局 封	年 月（印章） 日

大封条：长 75 厘米，宽 11 厘米。**小封条：**长 30 厘米，宽 7 厘米。

【说　明】

《封条》是市场监督管理部门在抽样取证或者查封时，加贴在样品或者查封的场所、设施或者财物上的文书。

一、文书适用范围

依据《市场监督管理行政处罚程序规定》第三十一条、第四十一条的规定，市场监督管理部门对抽样取证的样品或者查封的场所、设施、财物加贴封条的，使用本文书。

二、文书制作提示

1. 依据《市场监督管理行政处罚程序规定》第三十一条的规定，抽样取证时，办案人员应当同时制作抽样记录，开具清单，对样品加贴封条，由办案人员、当事人在封条和相关记录上签名或者盖章。

2. 依据《市场监督管理行政处罚程序规定》第四十一条规定，在查封场所、设施或者财物时，由相关人员在封条上签名或者盖章。

【法律依据】

《市场监督管理行政处罚程序规定》（2021 年 7 月 2 日）

第三十一条　市场监督管理部门抽样取证时，应当通知当事人到场。办案人员应当制作抽样记录，对样品加贴封条，开具清单，由办案人员、当事人在封条和相关记录上签名或者盖章。

通过网络、电话购买等方式抽样取证的，应当采取拍照、截屏、录音、录像等方式对交易过程、商品拆包查验及封样等过程进行记录。

法律、法规、规章或者国家有关规定对实施抽样机构的资质或者抽样方式有明确要求的，市场监督管理部门应当委托相关机构或者按照规定方式抽取样品。

第四十一条　查封、扣押的场所、设施或者财物应当妥善保管，不得使用或者损毁；市场监督管理部门可以委托第三人保管，第三人不得损毁或者擅自转移、处置。

查封的场所、设施或者财物，应当加贴市场监督管理部门封条，任何人不得随意动用。

除法律、法规另有规定外，容易损毁、灭失、变质、保管困难或者保管费用过高、季节性商品等不宜长期保存的物品，在确定为罚没财物前，经权利人同意或者申请，并经市场监督管理部门负责人批准，在采取相关措施留存证据后，可以依法先行处置；权利人不明确的，可以依法公告，公告期满后仍没有权利人同意或者申请的，可以依法先行处置。先行处置所得款项按照涉案现金管理。

26. 实施行政强制措施场所/设施/财物委托保管书

________市场监督管理局
实施行政强制措施场所/设施/财物
委托保管书

____市监托管〔____〕__号

__________________________：

现委托你（单位）代为保管本局依法实施行政强制措施的有关场所/设施/财物（详见《场所/设施/财物清单》文书编号：______________号）。

保管条件：____。

保管地点：____。

保管期间为_____年____月____日至_____年____月____日［或至本局通知时止］。在保管期间，你（单位）不得损毁或者擅自转移、处置。

联系人：____________________联系电话：__________________

联系地址：____

附件：《场所/设施/财物清单》（文书编号：__________号）

______________市场监督管理局

（印　章）

年　　月　　日

本文书一式____份，____份送达，一份归档，____________________。

【说 明】

《实施行政强制措施场所/设施/财物委托保管书》是市场监督管理部门委托第三人保管查封、扣押的场所、设施或者财物时所使用的文书。

一、文书适用范围

依据《市场监督管理行政处罚程序规定》第四十一条第一款的规定，市场监督管理部门委托第三人保管查封、扣押的场所、设施或者财物的，使用本文书。

二、文书制作提示

1. 本文书使用时，应当根据实际情况在标题及正文中对场所、设施或者财物进行选择。

2. 委托保管的截止日期可以视情况明确为固定日期或者至通知时止。

3. 市场监督管理部门委托第三人代为保管没收财物的，可以参考使用本文书。

4. 使用本文书需填报《行政处罚案件有关事项审批表》，经市场监督管理部门负责人批准。

5. 本文书需送达受委托保管的第三人，并归档。

【法律依据】

《市场监督管理行政处罚程序规定》（2021 年 7 月 2 日）

第四十一条 查封、扣押的场所、设施或者财物应当妥善保管，不得使用或者损毁；市场监督管理部门可以委托第三人保管，第三人不得损毁或者擅自转移、处置。

查封的场所、设施或者财物，应当加贴市场监督管理部门封条，任何人不得随意动用。

除法律、法规另有规定外，容易损毁、灭失、变质、保管困难或者保管费用过高、季节性商品等不宜长期保存的物品，在确定为罚没财物前，经权利人同意或者申请，并经市场监督管理部门负责人批准，在采取相关措施留存证据后，可以依法先行处置；权利人不明确的，可以依法公告，公告期满后仍没有权利人同意或者申请的，可以依法先行处置。先行处置所得款项按照涉案现金管理。

27. 先行处置物品确认书

________市场监督管理局
先行处置物品确认书

权利人	
告知事项	依据《市场监督管理行政处罚程序规定》第四十一条第三款的规定，告知如下： 对于查封、扣押的场所、设施或者财物，除法律、法规另有规定外，容易损毁、灭失、变质、保管困难或者保管费用过高、季节性商品等不宜长期保存的物品，在确定为罚没财物前，经权利人同意或者申请，并经市场监督管理部门负责人批准，在采取相关措施留存证据后，可以依法先行处置。
先行处置物品范围	□依据《实施行政强制措施决定书》（_____市监强制〔_____〕_____号），查封/扣押的全部物品（详见《场所/设施/财物清单》文书编号：________）； □依据《实施行政强制措施决定书》（______市监强制〔______〕______号），查封/扣押物品中的下列物品：____________________ ____________________
先行处置方式	□委托____________________依法进行拍卖； □通过____________________方式进行变卖； □____________________；
执法人员联系方式	联 系 人：____________联系电话：____________ 联系地址：____________________
权利人确认	上述物品属于《市场监督管理行政处罚程序规定》第四十一条第三款规定的不宜长期保存的物品，本人（单位）清楚了解先行处置的内容及后果，为防止造成不必要的损失，本人（单位）同意按照上述处置方式先行处置。 权利人：____________ 年 月 日
备注	

【说　明】

《先行处置物品确认书》是市场监督管理部门对不宜长期保存的物品，请权利人确认先行处置有关事项时所使用的文书。

一、文书适用范围

依据《市场监督管理行政处罚程序规定》第四十一条第三款的规定，市场监督管理部门对不易长期保存的物品依法先行处置，请权利人确认先行处置有关事项的，使用本文书。

二、文书制作提示

1. 先行处置物品的，应当填写《行政处罚案件有关事项审批表》，经市场监督管理部门负责人批准。

2. 先行处置物品前，应当采取相关措施留存证据。

3. 先行处置物品，不得违反相关法律、法规规定，且应当经权利人同意或者申请。权利人不明确，需要依法公告的，不使用本文书。

4. 先行处置所得款项按照涉案现金管理。

【法律依据】

《市场监督管理行政处罚程序规定》（2021 年 7 月 2 日）

第四十一条　查封、扣押的场所、设施或者财物应当妥善保管，不得使用或者损毁；市场监督管理部门可以委托第三人保管，第三人不得损毁或者擅自转移、处置。

查封的场所、设施或者财物，应当加贴市场监督管理部门封条，任何人不得随意动用。

除法律、法规另有规定外，容易损毁、灭失、变质、保管困难或者保管费用过高、季节性商品等不宜长期保存的物品，在确定为罚没财物前，经权利人同意或者申请，并经市场监督管理部门负责人批准，在采取相关措施留存证据后，可以依法先行处置；权利人不明确的，可以依法公告，公告期满后仍没有权利人同意或者申请的，可以依法先行处置。先行处置所得款项按照涉案现金管理。

28. 先行处置物品公告

________市场监督管理局
先行处置物品公告

____市监先处告〔____〕__号

本局于____年___月___日作出《实施行政强制措施决定书》（____市监强制〔____〕____号），查封/扣押了存放于________的涉案物品。为防止造成不必要的损失，依据《市场监督管理行政处罚程序规定》第四十一条第三款的规定，本局拟对______________________________先行处置，处置方式为：______________________________
____
______________________________。

因上述物品权利人不明确，依据《市场监督管理行政处罚程序规定》第四十一条第三款的规定，本局予以公告，公告期间为自本公告发布之日起至____年___月___日。请物品权利人在公告期间内向本局提出意见或者申请。公告期满后仍没有权利人同意或者申请的，本局将依照上述处置方式予以处置。

联系人：________________联系电话：________________

联系地址：______________________________

________________市场监督管理局

（印　章）

年　月　日

本文书一式____份，____份送达，一份归档，________________。

【说　明】

《先行处置物品公告》是市场监督管理部门对依法先行处置的物品因权利人不明确予以公告时所使用的文书。

一、文书适用范围

依据《市场监督管理行政处罚程序规定》第四十一条第三款的规定，依法先行处置的物品因权利人不明确，需依法公告的，使用本文书。

二、文书制作提示

1. 公告的方式，可以在市场监督管理部门公告栏和物品所在地张贴公告，也可以在报纸或者市场监督管理部门门户网站等刊登公告。在市场监督管理部门公告栏和物品所在地张贴公告的，应当采取拍照、录像等方式记录张贴过程。

2. 文书第一段中“存放于________”横线处应当填写物品被采取行政强制措施时的所在地；“本局拟对________先行处置”横线处应当填写物品的基本信息，如名称、规格、数量等。

3. 公告期间的设置，既要不影响不宜长期保存物品的处置，又要留给权利人表达意见的合理期间。一般情况下，建议为七个工作日。实际办案过程中也可以根据物品情况、案件情况等客观因素设置合理的公告期间。

4. 采取公告方式告知的，应当在案件材料中载明原因和经过，并将本文书归档。

【法律依据】

《市场监督管理行政处罚程序规定》（2021 年 7 月 2 日）

第四十一条　查封、扣押的场所、设施或者财物应当妥善保管，不得使用或者损毁；市场监督管理部门可以委托第三人保管，第三人不得损毁或者擅自转移、处置。

查封的场所、设施或者财物，应当加贴市场监督管理部门封条，任何人不得随意动用。

除法律、法规另有规定外，容易损毁、灭失、变质、保管困难或者保管费用过高、季节性商品等不宜长期保存的物品，在确定为罚没财物前，经权利人同意或者申请，并经市场监督管理部门负责人批准，在采取相关措施留存证据后，可以依法先行处置；权利人不明确的，可以依法公告，公告期满后仍没有权利人同意或者申请的，可以依法先行处置。先行处置所得款项按照涉案现金管理。

29. 抽样记录

________市场监督管理局
抽样记录

当事人				
主体资格证照名称			统一社会信用代码	
住所（住址）				
法定代表人（负责人、经营者）			身份证件号码	
联系电话			其他联系方式	
被抽样产品及抽样情况	产品名称		型号规格	
	标称商标		保质期	
	标称生产者		标称价格	
	生产日期或出厂批号		产品执行标准	
	标称存储条件		生产许可证编号	
	标称产品等级		包装方式	
	抽样方式	□按规定方式抽样（抽样依据的标准编号）：____________ □以其他方式抽样（可使用附页）：____________		
	抽取样品数量		抽样基数	
	抽样地点			
	抽取样品过程：____________ ____________ ____________ 样品封样情况：____________ ____________ ____________ 样品储存条件：____________			
办案人员：__________执法证号：__________ 办案人员：__________执法证号：__________ 年　月　日			当事人：__________ 年　月　日	
受委托抽样人员：__________ 年　月　日			见证人：__________ 年　月　日	
备注				

【说　明】

《抽样记录》是在查办案件过程中采取抽样取证措施收集证据，对抽样取证过程、样品、封样等情况进行记录时所使用的文书。

一、文书适用范围

依据《市场监督管理行政处罚程序规定》第三十一条的规定，市场监督管理部门在查办案件过程中，对有关证据采取抽样取证措施的，使用本文书。

二、文书制作提示

1. 当事人有主体资格证照的，按照当事人主体资格证照记载事项填写主体资格证照名称、统一社会信用代码、住所（住址）、法定代表人（负责人）等信息。当事人是个体工商户且有字号的，以字号名称为当事人名称，同时填写经营者姓名、身份证件号码。当事人主体资格证照未加载统一社会信用代码的，填写当事人主体资格证照名称及号码。

当事人是个人的，按照居民身份证记载事项填写姓名、住址及公民身份号码等信息。如无居民身份证的，填写其他有效身份证件名称及号码。

2. 被抽样产品及抽样情况填写应当完整、准确。被抽样品的规格、生产日期、批号、执行标准、保质期等应当按照抽样物品或者其外包装、说明书上记载的内容填写，如果没有或者无法确定其中某项内容的，应当注明。抽取样品数量包括检验样品数量以及备用样品数量；抽样基数是被抽样产品的总量。

3. 对抽样取证的方式、标准等有特别规定的，应当按照特别规定执行。

4. 样品封样情况写明被抽样品加封情况、备用样品封存地点。

5. 当事人本人、授权委托人、法定代表人、主要负责人、检查现场的员工或者现场负责人员，在当事人栏签名。如果无法通知当事人，当事人不到场或者拒绝接受调查，当事人拒绝签名、盖章或者以其他方式确认的，应当采取录音、录像等方式记录，必要时可邀请有关人员作为见证人。邀请见证人到场的，由见证人签名、盖章或者以其他方式确认。办案人员应当在备注栏注明情况。

6. 如抽样人为办案人员，则由办案人员填写本文书；如市场监督管理部门委托相关机构进行抽样，由该机构指派进行抽样的人员填写本文书。也可以使用该机构的抽样记录文书，办案人员应当在其抽样记录文书上签名或者盖章，并注明日期。

【法律依据】

《市场监督管理行政处罚程序规定》（2021年7月2日）

第三十一条 市场监督管理部门抽样取证时，应当通知当事人到场。办案人员应当制作抽样记录，对样品加贴封条，开具清单，由办案人员、当事人在封条和相关记录上签名或者盖章。

通过网络、电话购买等方式抽样取证的，应当采取拍照、截屏、录音、录像等方式对交易过程、商品拆包查验及封样等过程进行记录。

法律、法规、规章或者国家有关规定对实施抽样机构的资质或者抽样方式有明确要求的，市场监督管理部门应当委托相关机构或者按照规定方式抽取样品。

30. 检测/检验/检疫/鉴定委托书

________市场监督管理局
检测/检验/检疫/鉴定委托书

____市监检鉴委〔____〕__号

________________________：

本局现委托你单位对下列物品进行检测/检验/检疫/鉴定：

样品名称	规格/型号	等级	生产日期/批号	适用标准或者规则	样品数量	检验项目	备注

委托检测/检验/检疫/鉴定事项：________________________________

请你单位于____年___月___日前提交由检测/检验/检疫/鉴定人员及你单位签名盖章的报告一式____份，并在出具的报告中载明以下内容：本局向你单位提供的相关材料，检测/检验/检疫/鉴定的内容、依据、使用的科学技术手段、过程及明确结论，以及你单位和检测/检验/检疫/鉴定人员的资质证明文件。

联系人：________________________联系电话：______________________

联系地址：____

________________市场监督管理局

（印　章）

年　　月　　日

本文书一式____份，____份送达，一份归档，________________________。

【说　明】

《检测/检验/检疫/鉴定委托书》是市场监督管理部门委托具有法定资质或者其他具备条件的机构对案件中专门事项进行检测、检验、检疫、鉴定时所使用的文书。

一、文书适用范围

依据《市场监督管理行政处罚程序规定》第三十二条的规定，市场监督管理部门在查办案件的过程中，委托有关机构对专门事项进行检测、检验、检疫、鉴定的，使用本文书。

二、文书制作提示

1. 市场监督管理部门在具体使用的过程中，应当在标题及正文中对检测、检验、检疫、鉴定进行选择。

2. 正文物品清单中写不下的，可另附页。

3. 本文书可以直接附《抽样记录》及《场所/设施/财物清单》清单。必要时，可以制作一份物品状况文字笔录，对物品的外观状态、包装情况、材料情况及解封过程等，进行详细记录，由委托方和受委托方双方签字。

4. 本文书样品信息中适用标准或者规则、检验项目等无法确定的可不填写。

5. 本文书需送达检测、检验、检疫、鉴定机构，并归档。

【法律依据】

《市场监督管理行政处罚程序规定》（2021 年 7 月 2 日）

第三十二条　为查明案情，需要对案件中专门事项进行检测、检验、检疫、鉴定的，市场监督管理部门应当委托具有法定资质的机构进行；没有法定资质机构的，可以委托其他具备条件的机构进行。检测、检验、检疫、鉴定结果应当告知当事人。

31. 检测/检验/检疫/鉴定期间告知书

________市场监督管理局
检测/检验/检疫/鉴定期间告知书

____市监检鉴期〔____〕__号

__________________________：

本局于____年___月___日作出《实施行政强制措施决定书》（____市监强制〔____〕____号），查封/扣押你（单位）的有关场所/设施/财物。本局现决定依法委托相关机构对有关物品进行检测/检验/检疫/鉴定。检测/检验/检疫/鉴定期间自____年___月___日至____年___月___日。

依据《中华人民共和国行政强制法》第二十五条第三款的规定，查封、扣押的期间不包括检测、检验、检疫、鉴定的期间。

联系人：__________________________联系电话：________________________

联系地址：____

________________市场监督管理局

（印　章）

年　　月　　日

本文书一式____份，____份送达，一份归档，______________________________。

【说　明】

《检测/检验/检疫/鉴定期间告知书》是实施查封、扣押的行政强制措施时，对有关物品需要进行检测、检验、检疫、鉴定的，由办案人员将检测、检验、检疫、鉴定期间告知当事人时所使用的文书。

一、文书适用范围

市场监督管理部门依据《中华人民共和国行政强制法》第二十五条第三款对实施行政强制措施的物品委托有关机构进行检测、检验、检疫、鉴定，需将检测、检验、检疫、鉴定期间告知当事人的，使用本文书。

二、文书制作提示

1. 市场监督管理部门在具体使用的过程中，应当在标题及正文中对检测、检验、检疫、鉴定进行选择。

2. 检测、检验、检疫、鉴定期间的起算时间一般为委托书的送达时间。

3. 检测、检验、检疫、鉴定实际所用时间超出告知期间的，由市场监督管理部门在期间届满前再次向当事人告知。

4. 本文书需送达当事人，并归档。

【法律依据】

《中华人民共和国行政强制法》（2011 年 6 月 30 日）

第二十五条　查封、扣押的期限不得超过三十日；情况复杂的，经行政机关负责人批准，可以延长，但是延长期限不得超过三十日。法律、行政法规另有规定的除外。

延长查封、扣押的决定应当及时书面告知当事人，并说明理由。

对物品需要进行检测、检验、检疫或者技术鉴定的，查封、扣押的期间不包括检测、检验、检疫或者技术鉴定的期间。检测、检验、检疫或者技术鉴定的期间应当明确，并书面告知当事人。检测、检验、检疫或者技术鉴定的费用由行政机关承担。

32. 检测/检验/检疫/鉴定结果告知书

________市场监督管理局
检测/检验/检疫/鉴定结果告知书

____市监检鉴结〔____〕__号

________________________：

本局依法委托______________________________对你（单位）的下列物品进行检测/检验/检疫/鉴定。

1. ______________________________
2. ______________________________
3. ______________________________

检测/检验/检疫/鉴定结果为______________________________
______________________________。

[你（单位）如对该检测/检验/检疫/鉴定结果有异议，可以自接到本告知书之日起____日内，向____________提出。]

联系人：________________联系电话：________________

联系地址：______________________________

附件：检测/检验/检疫/鉴定报告书________份

报告书编号：________________

________________市场监督管理局

（印　章）

年　　月　　日

本文书一式____份，____份送达，一份归档，________________。

【说　明】

《检测/检验/检疫/鉴定结果告知书》是市场监督管理部门将检测、检验、检疫、鉴定结果告知当事人时所使用的文书。

一、文书适用范围

依据《市场监督管理行政处罚程序规定》第三十二条的规定，市场监督管理部门对案件中专门事项委托有关机构进行检测、检验、检疫、鉴定，需将检测、检验、检疫、鉴定结果告知当事人的，使用本文书。

二、文书制作提示

1. 市场监督管理部门在具体使用的过程中，应当在标题及正文中对检测、检验、检疫、鉴定进行选择。

2. 依据相关法律、法规、规章的规定，当事人享有复检、复验权利，且客观上具备复检、复验条件的，市场监督管理部门应当依法告知当事人复检、复验权利。如告知复检、复验权利，则需同时告知复检、复验的期限和受理单位。

3. 本文书需送达当事人，并归档。

【法律依据】

《市场监督管理行政处罚程序规定》（2021年7月2日）

第三十二条　为查明案情，需要对案件中专门事项进行检测、检验、检疫、鉴定的，市场监督管理部门应当委托具有法定资质的机构进行；没有法定资质机构的，可以委托其他具备条件的机构进行。检测、检验、检疫、鉴定结果应当告知当事人。

33. 责令改正通知书

________市场监督管理局
责令改正通知书

____市监责改〔____〕__号

________________________：

经查，你（单位）____的行为，违反了____的规定。

依据____的规定，现责令你（单位）立即予以改正/在　　年　　月　　日前改正。（改正内容及要求：____）

（逾期不改的，本局将依据________________________________的规定，________________________________。）

如对本责令改正决定不服，可以自收到本通知书之日起六十日内向________________________________申请行政复议；也可以在六个月内依法向________________人民法院提起行政诉讼。

联系人：________________联系电话：________________

联系地址：________________________________

________________市场监督管理局

（印　章）

年　　月　　日

本文书一式____份，____份送达，一份归档，________________________。

【说　明】

《责令改正通知书》是市场监督管理部门依法责令当事人改正违法行为时所使用的文书。

一、文书适用范围

市场监督管理部门依据有关法律、法规、规章的规定，责令当事人改正违法行为的，使用本文书。

二、文书制作提示

1. 决定责令改正应当有法律、法规、规章的规定，填写本文书时应当写明所依据的具体条款。

2. 法律、法规、规章对逾期不改、拒不改正的后果有规定的，应当填写相应规定。

3. 按照《中华人民共和国行政处罚法》第二十八条的规定，行政机关实施行政处罚时，应当责令当事人改正或者限期改正违法行为。此种情形的责令改正决定在《行政处罚决定书》或者《不予行政处罚决定书》中一并表述，不必单独制作本文书。

4. 对责令改正决定不服的，依法申请行政复议的期限为六十日，但法律规定的申请期限超过六十日的从其规定；依法提起行政诉讼的期限为六个月，但法律另有规定的从其规定。

5. 除情节轻微、当场作出责令改正决定的情形外，使用本文书应当填写《行政处罚案件有关事项审批表》，经市场监督管理部门负责人批准。

6. 本文书需送达当事人，并归档。

【法律依据】

《中华人民共和国行政处罚法》（2021 年 1 月 22 日）

第二十八条　行政机关实施行政处罚时，应当责令当事人改正或者限期改正违法行为。

当事人有违法所得，除依法应当退赔的外，应当予以没收。违法所得是指实施违法行为所取得的款项。法律、行政法规、部门规章对违法所得的计算另有规定的，从其规定。

34. 责令退款通知书

________市场监督管理局
责令退款通知书

____市监责退〔____〕__号

________________________：

经查，你（单位）____，违反了____的规定，存在致使消费者或者其他经营者多付价款的情形。依据《中华人民共和国价格法》第四十一条、《价格违法行为行政处罚规定》__________、《市场监督管理行政处罚程序规定》第五十九条的规定，现责令你（单位）自收到本通知书之日起________日内，将消费者或者其他经营者多付的价款______________元退还给消费者或者其他经营者。消费者或者其他经营者难以查找的，应当公告查找。拒不退还或者逾期未退还的部分，本局将依法予以没收。消费者或者其他经营者要求退还时，由你（单位）依法承担民事责任。

［依据《价格违法行为行政处罚规定》________的规定，拒不退还多收价款的，本局将依法从重处罚。］

联系人：______________________联系电话：____________________

联系地址：____

______________市场监督管理局

（印　章）

年　　月　　日

本文书一式____份，____份送达，一份归档，______________________。

【说　明】

《责令退款通知书》是市场监督管理部门依法责令当事人退还多收价款时所使用的文书。

一、文书适用范围

市场监督管理部门依据《价格违法行为行政处罚规定》第十六条、《市场监督管理行政处罚程序规定》第五十九条的规定，对当事人违法所得属于《中华人民共和国价格法》第四十一条规定的消费者或者其他经营者多付价款，责令当事人限期退还的，使用本文书。

二、文书制作提示

1. 应当写明当事人的具体违法行为、违反的法律法规、多收的价款金额。

2. 使用本文书需填报《行政处罚案件有关事项审批表》，经市场监督管理部门负责人批准。

3. 本文书需送达当事人，并归档。

【法律依据】

《中华人民共和国价格法》（1997 年 12 月 29 日）

第四十一条　经营者因价格违法行为致使消费者或者其他经营者多付价款的，应当退还多付部分；造成损害的，应当依法承担赔偿责任。

《价格违法行为行政处罚规定》（2010 年 12 月 4 日）

第十六条　本规定第四条至第十三条规定中的违法所得，属于价格法第四十一条规定的消费者或者其他经营者多付价款的，责令经营者限期退还。难以查找多付价款的消费者或者其他经营者的，责令公告查找。

经营者拒不按照前款规定退还消费者或者其他经营者多付的价款，以及期限届满没有退还消费者或者其他经营者多付的价款，由政府价格主管部门予以没收，消费者或者其他经营者要求退还时，由经营者依法承担民事责任。

《市场监督管理行政处罚程序规定》（2021 年 7 月 2 日）

第五十九条　法律、法规要求责令当事人退还多收价款的，市场监督管理部门应当在听取当事人意见后作出行政处罚决定前，向当事人发出责令退款通知书，责令当事人限期退还。难以查找多付价款的消费者或者其他经营者的，责令公告查找。

35. 案件调查终结报告

________市场监督管理局
案件调查终结报告

因当事人涉嫌____

____，本局于____年___月___日予以立案调查，指定____________________、____________________为办案人员。现已调查终结，报告如下。

当事人基本情况：____

____

____

案件来源、调查经过及采取行政强制措施的情况：______________________

____

____

调查认定的事实：____

____

____

上述事实，主要有以下证据证明：

1.________________________，证明____

2.________________________，证明____

3.________________________，证明____

案件性质：____

____

____

____

自由裁量理由等其他需要说明的事项：______________________________

____

____

____

处理意见及依据：______________________________

____

____

____

____

____

办案人员：____________ 年 月 日

____________ 年 月 日

办案机构负责人：____________ 年 月 日

【说　明】

《案件调查终结报告》是对已经立案的案件，办案机构认为调查终结，将案件全部情况进行总结、提出处理意见时所使用的文书。

一、文书适用范围

市场监督管理部门的办案机构在案件调查终结后，依据《市场监督管理行政处罚程序规定》第四十八条的规定撰写调查终结报告的，使用本文书。

二、文书制作提示

1. 当事人基本情况，包括姓名或者名称、地址等。当事人有主体资格证照的，按照当事人主体资格证照记载事项填写主体资格证照名称、统一社会信用代码、住所（住址）、法定代表人（负责人）等信息。当事人是个体工商户且有字号的，以字号名称为当事人名称，同时填写经营者姓名、身份证件号码。当事人主体资格证照未加载统一社会信用代码的，填写当事人主体资格证照名称及号码。

当事人是个人的，按照居民身份证记载事项填写姓名、住址及公民身份号码等信息。如无居民身份证的，填写其他有效身份证件名称及号码。

2. 案件来源、调查经过及采取行政强制措施的情况，可以写明案件线索来源、核查及立案的时间，以及采取的先行登记保存、行政强制措施、现场检查、抽样取证等案件调查情况。

3. 调查认定的事实是指当事人实施违法行为的具体事实，包括从事违法行为的时间、地点、目的、手段、情节、违法所得、危害结果、主观过错等因素。要客观真实，所描述的事实必须得到相关证据的支持，内容全面、重点突出。

4. 相关证据及证明事项，要将认定案件事实所依据的证据列举清楚，所列举的证据要符合证据的基本要素，根据证据规则应当能够认定案件事实。必要时可以将证据与所证明的事实对应列明。

排列证据时，应当结合证据的证明力大小、关联程度、获得证据的时间顺序、案卷的归档顺序等因素，合理排序。

5. 案件性质，应当写明对当事人的违法行为定性及相关法律、法规、规章依据的具体条款和内容。

6. 自由裁量理由等其他需要说明的事项，可以写明调查过程中的当事人陈述、申辩，对当事人陈述申辩的采纳情况。还应当说明影响行政处罚裁量的事实和理由，从违法案件的具体事实、性质、情节、社会危害程度、主观过错以及公平公正要求等方面，结合自由裁量规则进行表述。

7. 处理意见，包括建议给予行政处罚、依法不予行政处罚、违法事实不能成立不予行政处罚、移送其他行政管理部门处理、移送司法机关等。

给予行政处罚的，写明拟给予行政处罚的种类、数额、期限等具体内容及相关法律、法规、规章依据的具体条款和内容。

【法律依据】

《市场监督管理行政处罚程序规定》（2021 年 7 月 2 日）

第四十八条 案件调查终结，办案机构应当撰写调查终结报告。案件调查终结报告包括以下内容：

（一）当事人的基本情况；

（二）案件来源、调查经过及采取行政强制措施的情况；

（三）调查认定的事实及主要证据；

（四）违法行为性质；

（五）处理意见及依据；

（六）自由裁量的理由等其他需要说明的事项。

36. 案件审核/法制审核表

________市场监督管理局
案件审核/法制审核表

<table>
<tr><td>案件名称</td><td colspan="3"></td></tr>
<tr><td>办案机构</td><td colspan="3"></td></tr>
<tr><td>送审时间</td><td>年　　月　　日</td><td>退卷时间</td><td>年　　月　　日</td></tr>
<tr><td>审核意见和建议</td><td colspan="3">审核人：
年　　月　　日</td></tr>
<tr><td>审核机构负责人意见</td><td colspan="3">审核机构负责人：
年　　月　　日</td></tr>
<tr><td>备　注</td><td colspan="3"></td></tr>
</table>

【说　明】

《案件审核/法制审核表》是市场监督管理部门审核机构对办案机构的调查终结报告及案件材料进行审核时所使用的文书。

一、文书适用范围

市场监督管理部门审核机构依据《市场监督管理行政处罚程序规定》第四十九条至第五十五条的规定，对办案机构送审的案件进行案件审核或者法制审核的，使用本文书。

二、文书制作提示

1. 本文书使用时，应当根据实际情况在标题中对案件审核或者法制审核进行选择。

2. 案件名称按照“当事人姓名（名称）＋涉嫌＋违法行为性质＋案”的方式表述。

3. 审核机构对办案机构送审的材料进行审核后，依据《市场监督管理行政处罚程序规定》第五十四条的规定，在“审核意见和建议”一栏中提出审核意见和建议。

4. 案件有立案号的，在案件名称栏中一并填写。

【法律依据】

《市场监督管理行政处罚程序规定》（2021 年 7 月 2 日）

第四十九条　办案机构应当将调查终结报告连同案件材料，交由市场监督管理部门审核机构进行审核。

审核分为法制审核和案件审核。

办案人员不得作为审核人员。

第五十条　对情节复杂或者重大违法行为给予行政处罚的下列案件，在市场监督管理部门负责人作出行政处罚的决定之前，应当由从事行政处罚决定法制审核的人员进行法制审核；未经法制审核或者审核未通过的，不得作出决定：

（一）涉及重大公共利益的；

（二）直接关系当事人或者第三人重大权益，经过听证程序的；

（三）案件情况疑难复杂、涉及多个法律关系的；

（四）法律、法规规定应当进行法制审核的其他情形。

前款第二项规定的案件，在听证程序结束后进行法制审核。

县级以上市场监督管理部门可以对第一款的法制审核案件范围作出具体规定。

第五十一条 法制审核由市场监督管理部门法制机构或者其他机构负责实施。

市场监督管理部门中初次从事行政处罚决定法制审核的人员，应当通过国家统一法律职业资格考试取得法律职业资格。

第五十二条 除本规定第五十条第一款规定以外适用普通程序的案件，应当进行案件审核。

案件审核由市场监督管理部门办案机构或者其他机构负责实施。

市场监督管理部门派出机构以自己的名义实施行政处罚的案件，由派出机构负责案件审核。

第五十三条 审核的主要内容包括：

（一）是否具有管辖权；

（二）当事人的基本情况是否清楚；

（三）案件事实是否清楚、证据是否充分；

（四）定性是否准确；

（五）适用依据是否正确；

（六）程序是否合法；

（七）处理是否适当。

第五十四条 审核机构对案件进行审核，区别不同情况提出书面意见和建议：

（一）对事实清楚、证据充分、定性准确、适用依据正确、程序合法、处理适当的案件，同意案件处理意见；

（二）对定性不准、适用依据错误、程序不合法、处理不当的案件，建议纠正；

（三）对事实不清、证据不足的案件，建议补充调查；

（四）认为有必要提出的其他意见和建议。

第五十五条 审核机构应当自接到审核材料之日起十个工作日内完成审核。特殊情况下，经市场监督管理部门负责人批准可以延长。

37. 行政处罚告知书

________市场监督管理局
行政处罚告知书

____市监罚告〔____〕__号

________________________：

由本局立案调查的你（单位）涉嫌____一案，已调查终结。依据《中华人民共和国行政处罚法》第四十四条的规定，现将本局拟作出行政处罚的内容及事实、理由、依据告知如下：____

□依据《中华人民共和国行政处罚法》第四十四条、第四十五条，以及《市场监督管理行政处罚程序规定》第五十七条的规定，你（单位）有权进行陈述、申辩。自收到本告知书之日起五个工作日内未行使陈述、申辩权的，视为放弃此权利。

□依据《中华人民共和国行政处罚法》第四十四条、第四十五条、第六十三条、第六十四条第一项，以及《市场监督管理行政处罚听证办法》第五条/____________的规定，你（单位）有权进行陈述、申辩，并可以要求听证。自收到本告知书之日起五个工作日内未行使陈述、申辩权，未要求听证的，视为放弃此权利。

联系人：________________________联系电话：____________________

联系地址：____

________________市场监督管理局

（印　章）

年　　月　　日

本文书一式____份，____份送达，一份归档，____________________。

【说 明】

《行政处罚告知书》是市场监督管理部门在作出行政处罚决定之前，依法告知当事人拟作出行政处罚决定的内容及事实、理由、依据和当事人所享有的陈述权、申辩权、听证权时所使用的文书。

一、文书适用范围

市场监督管理部门在对当事人作出行政处罚决定之前，依法将拟作出行政处罚决定的内容及事实、理由、依据，以及当事人依法享有的陈述、申辩权或者听证权告知当事人的，使用本文书。

二、文书制作提示

1. 当事人对拟作出的行政处罚决定享有听证权的，应当告知当事人享有陈述权、申辩权及要求听证的权利。其他情形，应当告知当事人享有陈述权、申辩权。本文书使用时，应当根据实际情况在正文中对适用情形进行选择。

2. 对当事人所涉嫌构成的违法行为，要说明拟处罚的内容及事实、理由、依据，引用法律依据时应当写明法律、法规、规章的具体条款。

3. 如适用地方性法规、规章有关行政处罚案件听证范围规定的，应当选择引用地方性法规、规章的相关条款。

4. 使用本文书需填报《行政处罚案件有关事项审批表》，经市场监督管理部门负责人批准。

5. 本文书需送达当事人，并归档。

【法律依据】

《中华人民共和国行政处罚法》（2021 年 1 月 22 日）

第四十四条 行政机关在作出行政处罚决定之前，应当告知当事人拟作出的行政处罚内容及事实、理由、依据，并告知当事人依法享有的陈述、申辩、要求听证等权利。

第四十五条 当事人有权进行陈述和申辩。行政机关必须充分听取当事人的意见，对当事人提出的事实、理由和证据，应当进行复核；当事人提出的事实、理由或者证据成立的，行政机关应当采纳。

行政机关不得因当事人陈述、申辩而给予更重的处罚。

第六十三条 行政机关拟作出下列行政处罚决定，应当告知当事人有要求听证的权利，当事人要求听证的，行政机关应当组织听证：

（一）较大数额罚款；

（二）没收较大数额违法所得、没收较大价值非法财物；

（三）降低资质等级、吊销许可证件；

（四）责令停产停业、责令关闭、限制从业；

（五）其他较重的行政处罚；

（六）法律、法规、规章规定的其他情形。

当事人不承担行政机关组织听证的费用。

第六十四条 听证应当依照以下程序组织：

（一）当事人要求听证的，应当在行政机关告知后五日内提出；

（二）行政机关应当在举行听证的七日前，通知当事人及有关人员听证的时间、地点；

（三）除涉及国家秘密、商业秘密或者个人隐私依法予以保密外，听证公开举行；

（四）听证由行政机关指定的非本案调查人员主持；当事人认为主持人与本案有直接利害关系的，有权申请回避；

（五）当事人可以亲自参加听证，也可以委托一至二人代理；

（六）当事人及其代理人无正当理由拒不出席听证或者未经许可中途退出听证的，视为放弃听证权利，行政机关终止听证；

（七）举行听证时，调查人员提出当事人违法的事实、证据和行政处罚建议，当事人进行申辩和质证；

（八）听证应当制作笔录。笔录应当交当事人或者其代理人核对无误后签字或者盖章。当事人或者其代理人拒绝签字或者盖章的，由听证主持人在笔录中注明。

《市场监督管理行政处罚程序规定》（2021年7月2日）

第五十七条 拟给予行政处罚的案件，市场监督管理部门在作出行政处罚决定之前，应当书面告知当事人拟作出的行政处罚内容及事实、理由、依据，并告知当事人依法享有陈述权、申辩权。拟作出的行政处罚属于听证范围的，还应当告知当事人有要求听证的权利。法律、法规规定在行政处罚决定作出前需责令当事人退还多收价款的，一并告知拟责令退还的数额。

当事人自告知书送达之日起五个工作日内，未行使陈述、申辩权，未要求听证的，视为放弃此权利。

《市场监督管理行政处罚听证办法》（2021 年 7 月 2 日）

第五条 市场监督管理部门拟作出下列行政处罚决定，应当告知当事人有要求听证的权利：

（一）责令停产停业、责令关闭、限制从业；

（二）降低资质等级、吊销许可证件或者营业执照；

（三）对自然人处以一万元以上、对法人或者其他组织处以十万元以上罚款；

（四）对自然人、法人或者其他组织作出没收违法所得和非法财物价值总额达到第三项所列数额的行政处罚；

（五）其他较重的行政处罚；

（六）法律、法规、规章规定的其他情形。

各省、自治区、直辖市人大常委会或者人民政府对前款第三项、第四项所列罚没数额有具体规定的，可以从其规定。

38. 陈述申辩笔录

________市场监督管理局
陈述申辩笔录

案件名称：____

陈述申辩人：______________________________________

时间：________年______月______日______时______分至______时______分

地点：____

执法人员：____________________ 记录人：____________________

陈述申辩请求：____________________________________

____

____

陈述申辩内容：____________________________________

____

____

____

____

____

陈述申辩人：______________________________ 年 月 日

执法人员：________________________________ 年 月 日

记 录 人：________________________________ 年 月 日

第 页共 页

【说 明】

《陈述申辩笔录》是记录当事人陈述申辩意见时所使用的文书。

一、文书适用范围

市场监督管理部门在案件办理过程中，对当事人口头陈述申辩进行记录的，使用本文书。

二、文书制作提示

1. 当事人书面提交陈述申辩意见的，可以不使用本文书。

2. 陈述申辩内容应当写明当事人陈述申辩的具体请求和所依据的事实、理由。

39. 行政处罚听证通知书

________市场监督管理局
行政处罚听证通知书

____市监听通〔____〕__号

__________________________：

根据你（单位）的要求，本局决定于______年____月____日____时____分在____
对你（单位）涉嫌____一案公开/不公开举行听证，请准时出席。如无正当理由不到场听证的，本局将依法终止听证。

本次听证会由________担任听证主持人，［________担任听证员］，________担任记录员，［________担任翻译人员］。依据《中华人民共和国行政处罚法》第六十四条第四项、《市场监督管理行政处罚听证办法》第四条的规定，如认为上述人员与案件有直接利害关系或者有其他关系可能影响公正执法的，你（单位）有申请回避的权利。

如果委托代理人（一至二人）代为参加听证，请提交由委托人签名或者盖章的授权委托书，委托书应当载明委托事项及权限。委托代理人代为放弃行使陈述权、申辩权和质证权的，必须有委托人的明确授权。

请参加人员携带身份证件原件，委托代理人员还应当携带授权委托书。

联系人：__________________________联系电话：________________________

联系地址：____

________________市场监督管理局

（印　章）

年　　月　　日

本文书一式____份，____份送达，一份归档，__________________________。

【说　明】

《行政处罚听证通知书》是市场监督管理部门听证组织机构依法通知当事人举行听证的时间、地点、相关人员姓名以及其他相关事项时所使用的文书。

一、文书适用范围

市场监督管理部门依据《市场监督管理行政处罚听证办法》第二十条的规定，决定举行行政处罚案件听证会，告知听证时间、听证地点及听证主持人、听证员、记录员、翻译人员的姓名，以及当事人申请回避的权利的，使用本文书。

二、文书制作提示

1. 确定听证时间应当符合《中华人民共和国行政处罚法》和《市场监督管理行政处罚听证办法》关于听证通知时限的规定，即应当在举行听证七个工作日前送达当事人，并将听证时间、地点通知办案人员，退回案件材料。

2. 第三人参加听证的，应当在举行听证七个工作日前将听证时间、地点通知第三人。

3. 本文书需送达当事人，并归档。

【法律依据】

《中华人民共和国行政处罚法》（2021 年 1 月 22 日）

第六十四条　听证应当依照以下程序组织：

（一）当事人要求听证的，应当在行政机关告知后五日内提出；

（二）行政机关应当在举行听证的七日前，通知当事人及有关人员听证的时间、地点；

（三）除涉及国家秘密、商业秘密或者个人隐私依法予以保密外，听证公开举行；

（四）听证由行政机关指定的非本案调查人员主持；当事人认为主持人与本案有直接利害关系的，有权申请回避；

（五）当事人可以亲自参加听证，也可以委托一至二人代理；

（六）当事人及其代理人无正当理由拒不出席听证或者未经许可中途退出听证的，视为放弃听证权利，行政机关终止听证；

（七）举行听证时，调查人员提出当事人违法的事实、证据和行政处罚建议，当事人进行申辩和质证；

（八）听证应当制作笔录。笔录应当交当事人或者其代理人核对无误后签字或者盖章。当事人或者其代理人拒绝签字或者盖章的，由听证主持人在笔录中注明。

《市场监督管理行政处罚听证办法》（2021 年 7 月 2 日）

第四条 市场监督管理部门行政处罚案件听证实行回避制度。听证主持人、听证员、记录员、翻译人员与案件有直接利害关系或者有其他关系可能影响公正执法的，应当回避。

听证员、记录员、翻译人员的回避，由听证主持人决定；听证主持人的回避，由市场监督管理部门负责人决定。

第二十条 听证主持人应当自接到办案人员移交的案件材料之日起五个工作日内确定听证的时间、地点，并应当于举行听证的七个工作日前将听证通知书送达当事人。

听证通知书中应当载明听证时间、听证地点及听证主持人、听证员、记录员、翻译人员的姓名，并告知当事人有申请回避的权利。

第三人参加听证的，听证主持人应当在举行听证的七个工作日前将听证的时间、地点通知第三人。

40. 听证笔录

________市场监督管理局
听证笔录

案件名称：________________

时间：________年______月______日______时______分　至______时______分

地点：________________

听证主持人：________________[听证员：________________]

记录员：________________[翻译人员：________________]

办案人员：________________、________________

当事人：________________

[法定代表人（负责人）：________________委托代理人：________________]

[第三人：________________

法定代表人（负责人）：________________委托代理人：________________

其他参加人：________________]

听证过程：

记录员：经查，听证参加人________________已到场，现在宣布听证纪律：

（一）服从听证主持人的指挥，未经听证主持人允许不得发言、提问；

（二）未经听证主持人允许不得录音、录像和摄影；

（三）听证参加人未经听证主持人允许不得退场；

（四）不得大声喧哗，不得鼓掌、哄闹或者进行其他妨碍听证秩序的活动。

办案人员：________________年　月　日

当事人、委托代理人：________________年　月　日

第三人、其他听证参加人：________________年　月　日

第　页共　页

报告听证主持人，听证准备就绪。

听证主持人：现在核对听证参加人。

当事人及委托代理人：________________________________

办案人员：________________________________

［第三人及委托代理人：________________________________

其他参加人：________________________________］

听证主持人：已核对当事人（委托代理人）［第三人、委托代理人、其他参加人］和办案人员的身份。现在宣布听证会开始进行。

本局于___年__月__日依法向当事人送达了____市监听通〔____〕____号《行政处罚听证通知书》。经________申请举行________________一案听证会。本次听证主持人是____________，［听证员是____________］，记录员是____________，［翻译人员是____________］。

现告知听证参加人在听证中的权利义务。

当事人享有以下权利：1. 有权放弃听证；2. 有权申请听证主持人、听证员、记录员、翻译人员回避；3. 有权当场提出证明自己主张的证据；4. 有权进行陈述和申辩；5. 经听证主持人允许，可以对相关证据进行质证；6. 经听证主持人允许，可以向到场的证人、鉴定人、勘验人发问；7. 有权对听证笔录进行审核，认为无误后签名或者盖章。

［第三人享有以下权利：1. 有权当场提出证明自己主张的证据；2. 有权进行陈述；3. 经听证主持人允许，可以对相关证据进行质证；4. 经听证主持人允许，可以向到场的证人、鉴定人、勘验人发问；5. 有权对听证笔录进行审核，认为无误后签名或者盖章。］

办案人员：________________________ 年 月 日

当事人、委托代理人：________________________ 年 月 日

第三人、其他听证参加人：________________________ 年 月 日

第 页共 页

听证参加人承担以下义务：1. 遵守听证纪律；2. 在审核无误的听证笔录上签名或者盖章。

当事人（委托代理人）是否申请听证主持人、记录员［听证员、翻译人员］回避？

当事人（委托代理人）：______________________________

____

____

听证主持人：现在请办案人员提出当事人违法的事实、证据、行政处罚建议及依据。

____

____

____

听证主持人：现在请当事人（委托代理人）进行陈述和申辩。

____

____

____

［**听证主持人**：现在请第三人（委托代理人）进行陈述。］

____

____

____

办案人员：________________________ 年 月 日

当事人、委托代理人：__________________ 年 月 日

第三人、其他听证参加人：________________ 年 月 日

第 页共 页

听证主持人：现在开始质证。请办案人员出示相关证据，并说明证明目的。

____

____

____

听证主持人：现在请当事人（委托代理人）发表质证意见。

____

____

____

［**听证主持人：**请第三人（委托代理人）发表质证意见。］

____

____

____

听证主持人：现在开始辩论。请办案人员发表辩论意见。

____

____

____

听证主持人：现在请当事人（委托代理人）发表辩论意见。

____

____

____

［**听证主持人：**请第三人（委托代理人）发表辩论意见。］

____

办案人员：______________________________ 年　月　日

当事人、委托代理人：______________________ 年　月　日

第三人、其他听证参加人：__________________ 年　月　日

第　页共　页

____

____

[**听证主持人：**请第三人（委托代理人）陈述你的最后意见。]

____

____

____

听证主持人：请办案人员陈述最后意见。

____

____

____

听证主持人：请当事人（委托代理人）陈述你的最后意见。

____

____

____

听证主持人：现在宣布听证结束。请听证参加人核对听证笔录，无误后请签名或者盖章。

听证主持人：______________________ 年 月 日

[听证员][翻译人员]：______________________ 年 月 日

记录员：______________________ 年 月 日

办案人员：______________________ 年 月 日

当事人、委托代理人：______________________ 年 月 日

第三人、其他听证参加人：______________________ 年 月 日

第 页共 页

【说　明】

《听证笔录》是对听证会全过程进行记录时所使用的文书。

一、文书适用范围

市场监督管理部门就行政处罚案件举行听证会，由听证记录员依据《市场监督管理行政处罚听证办法》第二十八条的规定，记载听证时间、地点、案由、听证人员、听证参加人员姓名、各方意见以及其他事项的，使用本文书。

二、文书制作提示

1. 根据听证参加人员情况，选择记载相应听证员、翻译人员、委托代理人、第三人、其他参加人等内容。

2. 听证会应当依据《市场监督管理行政处罚听证办法》第二十五条规定的程序进行。

3. 听证笔录应当经听证参加人核对无误后，由其当场签名或者盖章。当事人、第三人拒绝签名或者盖章的，由听证主持人在听证笔录中注明。笔录需要更正的，涂改部分由要求更正的人员签名、盖章或者以其他方式确认。

【法律依据】

《市场监督管理行政处罚听证办法》（2021 年 7 月 2 日）

第二十五条　听证按下列程序进行：

（一）办案人员提出当事人违法的事实、证据、行政处罚建议及依据；

（二）当事人及其委托代理人进行陈述和申辩；

（三）第三人及其委托代理人进行陈述；

（四）质证；

（五）辩论；

（六）听证主持人按照第三人、办案人员、当事人的先后顺序征询各方最后意见。

当事人可以当场提出证明自己主张的证据，听证主持人应当接收。

第二十八条　记录员应当如实记录，制作听证笔录。听证笔录应当载明听证时间、地点、案由，听证人员、听证参加人姓名，各方意见以及其他需要载明的事项。

听证会结束后，听证笔录应当经听证参加人核对无误后，由听证参加人当场签名或者盖章。当事人、第三人拒绝签名或者盖章的，由听证主持人在听证笔录中注明。

41. 听证报告

________市场监督管理局
听证报告

案件名称：____

听证时间：________年______月______日______时______分至______时______分

听证地点：____

听证方式：公开/不公开

听证主持人：______________________［听证员：____________________］

记录员：__________________________［翻译人员：__________________］

办案人员：________________________、__________________________

当事人：____

［法定代表人（负责人）：______________委托代理人：______________］

［第三人：____

法定代表人（负责人）：______________委托代理人：______________

其他参加人：____］

听证的基本情况：____________________________________

____

____

____

____

____

____

____

____

____

第　页共　页

____

____

____

____

____

____

____

处理意见及建议：____________________________

____

____

____

[需要报告的其他事项]________________________

____

____

____

____

____

____

____

____

听证主持人：________________________ 年 月 日

[听证员]：__________________________ 年 月 日

____________________________________ 年 月 日

第 页共 页

【说 明】

《听证报告》是听证主持人在听证结束后向市场监督管理部门负责人报告听证情况和处理意见建议时所使用的文书。

一、文书适用范围

市场监督管理部门在行政处罚案件听证结束后，听证主持人依据《市场监督管理行政处罚听证办法》第二十九条的规定，撰写听证报告、提出听证意见的，使用本文书。

二、文书制作提示

1. 根据听证参加人员情况，选择记载相应听证员、翻译人员、委托代理人、第三人、其他参加人等内容。

2. 文书制作要求内容完整，重点突出，应当包括以下内容：（1）听证案由；（2）听证人员、听证参加人；（3）听证的时间、地点；（4）听证的基本情况；（5）处理意见及建议；（6）需要报告的其他事项。

3. 处理意见及建议，按照事先告知当事人的拟作出的行政处罚决定，根据实际情况，可以提出同意、改变、撤销拟作出的行政处罚决定的建议，也可以提出重新进行研究、提交部门负责人集体讨论决定等建议。

4. 当事人提出的事实、理由或者证据成立的，听证主持人应当予以采纳，不得因当事人要求听证而提出更重的行政处罚建议。

【法律依据】

《市场监督管理行政处罚听证办法》（2021 年 7 月 2 日）

第二十九条 听证结束后，听证主持人应当在五个工作日内撰写听证报告，由听证主持人、听证员签名，连同听证笔录送办案机构，由其连同其他案件材料一并上报市场监督管理部门负责人。

市场监督管理部门应当根据听证笔录，结合听证报告提出的意见建议，依照《市场监督管理行政处罚程序规定》的有关规定，作出决定。

42. 行政处罚案件集体讨论记录

________市场监督管理局
行政处罚案件集体讨论记录

案件名称：____

讨论时间：________年________月________日

讨论地点：____

主 持 人：____

出席人员：____

____

列席人员：____

____

记 录 人：____

讨论记录：

（讨论一般按下列顺序进行：1. 办案机构（人员）汇报案件调查情况，包括违法事实、证据、处罚依据、裁量理由、处罚建议、存在问题或分歧意见等；2. 审核机构（人员）汇报案件审核意见；3. 出席人员询问案件有关问题并进行集体讨论；4. 出席人员发表意见；5. 主持人提出处理意见。）

____

____

____

____

第 页共 页

处理意见：

出席人员签名：

【说　明】

《行政处罚案件集体讨论记录》是记录市场监督管理部门负责人集体讨论情节复杂或者重大违法行为给予行政处罚的案件时所使用的文书。

一、文书适用范围

依据《市场监督管理行政处罚程序规定》第六十条第二款的规定，对《市场监督管理行政处罚程序规定》第五十条第一款规定的情节复杂或者重大违法行为给予行政处罚的案件，应当由市场监督管理部门负责人集体讨论决定。记录集体讨论过程和意见的，使用本文书。

二、文书制作提示

1. 出席人员是指参与案件集体讨论的市场监督管理部门负责人；列席人员是指列席会议的有关机构负责人、案件承办人、案件审核人员等有关人员。各单位可以根据案件具体情况确定出席人员。

2. 讨论记录应当真实、准确、完整，如实、简明地列明会议参加人员的意见。处理意见应当简明地表述案件处理意见，包括定性、处罚等方面内容。

3. 出席人员应当在讨论记录上签名。

【法律依据】

《市场监督管理行政处罚程序规定》（2021 年 7 月 2 日）

第五十条　对情节复杂或者重大违法行为给予行政处罚的下列案件，在市场监督管理部门负责人作出行政处罚的决定之前，应当由从事行政处罚决定法制审核的人员进行法制审核；未经法制审核或者审核未通过的，不得作出决定：

（一）涉及重大公共利益的；

（二）直接关系当事人或者第三人重大权益，经过听证程序的；

（三）案件情况疑难复杂、涉及多个法律关系的；

（四）法律、法规规定应当进行法制审核的其他情形。

前款第二项规定的案件，在听证程序结束后进行法制审核。

县级以上市场监督管理部门可以对第一款的法制审核案件范围作出具体规定。

第六十条　市场监督管理部门负责人经对案件调查终结报告、审核意见、当事人陈述和申辩意见或者听证报告等进行审查，根据不同情况，分别作出以下决定：

（一）确有依法应当给予行政处罚的违法行为的，根据情节轻重及具体情况，作出行政处罚决定；

（二）确有违法行为，但有依法不予行政处罚情形的，不予行政处罚；

（三）违法事实不能成立的，不予行政处罚；

（四）不属于市场监督管理部门管辖的，移送其他行政管理部门处理；

（五）违法行为涉嫌犯罪的，移送司法机关。

对本规定第五十条第一款规定的案件，拟给予行政处罚的，应当由市场监督管理部门负责人集体讨论决定。

43. 行政处理决定审批表

________市场监督管理局
行政处理决定审批表

案件名称	
立案时间	年　月　日
行政处理决定建议类别	□给予行政处罚　□有违法行为，依法不予行政处罚 □违法事实不能成立，不予行政处罚　□移送其他行政管理部门 □移送司法机关　□其他________
是否经过复核（听证）程序	□当事人未提出陈述、申辩意见或者未申请听证 □案件经复核或者听证
建议作出行政处理决定的内容、主要事实、理由、依据	办案人员： 年　月　日
当事人陈述、申辩或者听证中提出的主要意见	
复核意见或者听证意见	
办案机构负责人意见	办案机构负责人： 年　月　日
部门负责人意见	部门负责人： 年　月　日
备注	

【说 明】

《行政处理决定审批表》是办案机构在案件调查终结之后，将最终处理建议提请市场监督管理部门负责人审批决定时所使用的文书。

一、文书适用范围

市场监督管理部门办案机构依据《市场监督管理行政处罚程序规定》第六十条第一款的规定，将最终处理建议提请市场监督管理部门负责人审批决定的，使用本文书。

二、文书制作提示

1. 案件名称按照“当事人姓名（名称）+涉嫌+违法行为性质+案”的方式表述。

2. 本文书各栏内容由办案机构填写，报市场监督管理部门负责人审批。

3. 经市场监督管理部门负责人集体讨论的，讨论决定在本文书中应当予以记载。可由部门负责人填写集体讨论决定，表述为“经______年____月____日集体讨论决定，同意”；也可由办案人员在备注栏中予以注明。

4. 经审核机构审核的，由办案机构在备注栏注明“本案已由审核机构于______年____月____日出具审核意见，审核意见为________________。”

【法律依据】

《市场监督管理行政处罚程序规定》（2021 年 7 月 2 日）

第六十条 市场监督管理部门负责人经对案件调查终结报告、审核意见、当事人陈述和申辩意见或者听证报告等进行审查，根据不同情况，分别作出以下决定：

（一）确有依法应当给予行政处罚的违法行为的，根据情节轻重及具体情况，作出行政处罚决定；

（二）确有违法行为，但有依法不予行政处罚情形的，不予行政处罚；

（三）违法事实不能成立的，不予行政处罚；

（四）不属于市场监督管理部门管辖的，移送其他行政管理部门处理；

（五）违法行为涉嫌犯罪的，移送司法机关。

对本规定第五十条第一款规定的案件，拟给予行政处罚的，应当由市场监督管理部门负责人集体讨论决定。

44. 当场行政处罚决定书

________市场监督管理局
当场行政处罚决定书

____市监当罚〔____〕__号

当事人：____

主体资格证照名称：________________________________

统一社会信用代码：________________________________

住所（住址）：____________________________________

法定代表人（负责人、经营者）：______________________

身份证件号码：____________________________________

联系电话：______________其他联系方式：______________

执法人员：______________，执法证号：______________

执法人员：______________，执法证号：______________

你（单位）____

的行为，违反了____________________________________

的规定。依据《中华人民共和国行政处罚法》第二十八条第一款、第五十一条、____的规定，现责令你（单位）改正上述违法行为，并作出如下行政处罚：

□警告；

□罚款________元。

罚款按下列方式缴纳：

□当场缴纳；

□即日起15日内通过________________________缴纳罚款。

逾期不缴纳罚款的，依据《中华人民共和国行政处罚法》第七十二条的规定，本局将每日按罚款数额的百分之三加处罚款，并依法申请人民法院强制执行。

你（单位）如不服本行政处罚决定，可以在收到本当场行政处罚决定书之日起________内向________________申请行政复议；也可以在________内依法向________________人民法院提起行政诉讼。

________________市场监督管理局

（印 章）

年 月 日

本行政处罚决定作出前执法人员已向你（单位）出示执法证件，告知你（单位）拟作出的行政处罚内容及事实、理由、依据，并告知你（单位）有权进行陈述和申辩。

处罚地点：________________________________

当事人确认及签收：________________________ 年 月 日

执法人员：________________________________ 年 月 日

________________________________ 年 月 日

本文书一式____份，____份送达，一份归档，________________________。

【说　明】

《当场行政处罚决定书》是市场监督管理部门或者其派出机构依照行政处罚简易程序的相关规定对违法行为人当场作出行政处罚时所使用的文书。

一、文书适用范围

市场监督管理部门执法人员依据《中华人民共和国行政处罚法》第五十一条的规定，违法事实确凿并有法定依据，对公民处以二百元以下、对法人或者其他组织处以三千元以下罚款或者警告的行政处罚，当场作出行政处罚决定的，使用本文书。

二、文书制作提示

1. 本文书由市场监督管理部门预先印制并编制文书编号，应当确保每一个文书分别标有不同编号，加以区分。

2. 执法人员当场作出行政处罚决定的，应当主动向当事人出示执法身份证件，填写本文书当场交付当事人。

3. 当事人有主体资格证照的，按照当事人主体资格证照记载事项填写主体资格证照名称、统一社会信用代码、住所（住址）、法定代表人（负责人）等信息。当事人是个体工商户且有字号的，以字号名称为当事人名称，同时填写经营者姓名、身份证件号码。当事人主体资格证照未加载统一社会信用代码的，填写当事人主体资格证照名称及号码。

当事人是个人的，按照居民身份证记载事项填写姓名、住址及公民身份号码等信息。如无居民身份证的，填写其他有效身份证件名称及号码。

4. 本文书中应当填写对当事人违法行为的概述，对当事人违法行为定性与处罚所依据的法律、法规、规章的具体条款，以及处罚的具体内容、时间、地点。

5. 书写罚没款金额一般应当使用汉字数字，要填写正确，避免涂改。罚款缴纳方式为交至代收机构的，一般需填写代收机构名称、地址等。

6. 依据《中华人民共和国行政处罚法》第六十八条、第六十九条和《市场监督管理行政处罚程序规定》第七十二条的规定，符合相应条件的，执法人员可以当场收缴罚款。

7. 本文书应当写明当事人不服行政处罚决定申请行政复议或者提起行政诉讼的途径和期限。对行政处罚决定不服的，依法申请行政复议的期限为六十日，法律规定的申请期限超过六十日的从其规定；依法提起行政诉讼的期限为六个月，法律另有规定的从其规定。

8. 执法人员当场作出行政处罚决定的，有关材料需在作出行政处罚决定之日起七个工作日内交至市场监督管理部门归档保存。

【法律依据】

《中华人民共和国行政处罚法》（2021 年 1 月 22 日）

第二十八条 行政机关实施行政处罚时，应当责令当事人改正或者限期改正违法行为。

当事人有违法所得，除依法应当退赔的外，应当予以没收。违法所得是指实施违法行为所取得的款项。法律、行政法规、部门规章对违法所得的计算另有规定的，从其规定。

第五十一条 违法事实确凿并有法定依据，对公民处以二百元以下、对法人或者其他组织处以三千元以下罚款或者警告的行政处罚的，可以当场作出行政处罚决定。法律另有规定的，从其规定。

第六十八条 依照本法第五十一条的规定当场作出行政处罚决定，有下列情形之一，执法人员可以当场收缴罚款：

（一）依法给予一百元以下罚款的；

（二）不当场收缴事后难以执行的。

第六十九条 在边远、水上、交通不便地区，行政机关及其执法人员依照本法第五十一条、第五十七条的规定作出罚款决定后，当事人到指定的银行或者通过电子支付系统缴纳罚款确有困难，经当事人提出，行政机关及其执法人员可以当场收缴罚款。

第七十二条 当事人逾期不履行行政处罚决定的，作出行政处罚决定的行政机关可以采取下列措施：

（一）到期不缴纳罚款的，每日按罚款数额的百分之三加处罚款，加处罚款的数额不得超出罚款的数额；

（二）根据法律规定，将查封、扣押的财物拍卖、依法处理或者将冻结的存款、汇款划拨抵缴罚款；

（三）根据法律规定，采取其他行政强制执行方式；

（四）依照《中华人民共和国行政强制法》的规定申请人民法院强制执行。

行政机关批准延期、分期缴纳罚款的，申请人民法院强制执行的期限，自暂缓或者分期缴纳罚款期限结束之日起计算。

《市场监督管理行政处罚程序规定》（2021 年 7 月 2 日）

第七十二条 市场监督管理部门对当事人作出罚款、没收违法所得行政处罚的，当事人应当自收到行政处罚决定书之日起十五日内，通过指定银行或者电子支付系统缴纳罚没款。有下列情形之一的，可以由办案人员当场收缴罚款：

（一）当场处以一百元以下罚款的；

（二）当场对自然人处以二百元以下、对法人或者其他组织处以三千元以下罚款，不当场收缴事后难以执行的；

（三）在边远、水上、交通不便地区，当事人向指定银行或者通过电子支付系统缴纳罚款确有困难，经当事人提出的。

办案人员当场收缴罚款的，必须向当事人出具国务院财政部门或者省、自治区、直辖市财政部门统一制发的专用票据。

45. 行政处罚决定书

________市场监督管理局
行政处罚决定书

____市监处罚〔____〕__号

当事人：____

主体资格证照名称：____

统一社会信用代码：____

住所（住址）：____

法定代表人（负责人、经营者）：____________________________

身份证件号码：____

（案件来源及调查经过）____________________________________

____

____

经查，（案件事实）____

____

____

上述事实，主要有以下证据证明：____________________________

____

（行政处罚告知情况，当事人陈述、申辩、听证意见，复核以及采纳情况和理由）____

____

本局认为，（违法行为性质及定性、处罚依据）________________

____

（自由裁量的事实和理由）__________________________________

____

综上，当事人上述行为违反了______________________________，依据______________________________________，［现责令当事人改正上述违法行为，并］决定处罚如下：

1.____

2.____

3.____

(行政处罚的履行方式和期限)____

(救济途径和期限)____

____________市场监督管理局

（印　章）

年　　月　　日

(市场监督管理部门将依法向社会公开行政处罚决定信息)

本文书一式____份，____份送达，一份归档，____________________。

【说 明】

《行政处罚决定书》是市场监督管理部门对当事人作出行政处罚决定时所使用的文书。

一、文书适用范围

市场监督管理部门依据《中华人民共和国行政处罚法》第五十九条、《市场监督管理行政处罚程序规定》第六十二条的规定，对当事人作出行政处罚决定，载明对当事人作出行政处罚决定的事实、理由、依据及处罚内容等事项的，使用本文书。

二、文书制作提示

1. 适用普通程序办理的行政处罚案件使用本文书，适用简易程序办理的行政处罚案件不使用本文书。

2. 行政处罚决定书的主要内容包括：

（1）当事人的姓名或者名称、地址等基本情况。当事人有主体资格证照的，按照当事人主体资格证照记载事项填写主体资格证照名称、统一社会信用代码、住所（住址）、法定代表人（负责人）等信息。当事人是个体工商户且有字号的，以字号名称为当事人名称，同时填写经营者姓名、身份证件号码。当事人主体资格证照未加载统一社会信用代码的，填写当事人主体资格证照名称及号码。

当事人是个人的，按照居民身份证记载事项填写姓名、住址及公民身份号码等信息。如无居民身份证的，填写其他有效身份证件名称及号码。

（2）案件来源及调查经过。可以写明案件线索来源、核查及立案的时间，以及采取的先行登记保存、行政强制措施、现场检查、抽样取证等案件调查情况。

（3）案件事实。案件事实需表述清楚，包括违法行为的时间、地点、目的、手段、情节、违法所得、危害结果、主观过错等。要客观真实，所描述的事实必须得到相关证据的支持，内容全面、重点突出。

（4）相关证据及证明事项。要将认定案件事实所依据的证据列举清楚，所列举的证据要符合证据的基本要素，根据证据规则应当能够认定案件事实。必要时可以将证据与所证明的事实对应列明。

（5）行政处罚告知情况，当事人陈述、申辩、听证意见，复核以及采纳情况和理由。叙述行政处罚告知的送达情况；当事人陈述、申辩的内容，经过听证的案件，还需写明听证意见；对当事人陈述、申辩、听证意见的复核情况以及采纳或者不予采纳的理由。

（6）违法行为性质及定性、处罚依据。认定违法行为的性质。定性依据即违法行为所直接违反的法律、法规和规章规定，它既是判定行为是否违法的依据，也是判定构成何种违法行为的依据。处罚依据即决定处罚内容所依据的法律、法规、规章规定。在表述定性依据和处罚依据时，应当写明所依据的具体条款和内容。

（7）自由裁量的事实和理由。从违法行为的具体事实、性质、情节、社会危害程度、主观过错以及公平公正要求等方面，对行政处罚自由裁量的依据和理由加以表述，阐明对当事人从重、从轻、减轻处罚的情形。

行政处罚的内容包括对当事人给予处罚的种类和数额，有多项的应当分项写明。责令改正不属于行政处罚，不列入行政处罚内容中，可以在行政处罚内容前表述。

（9）行政处罚的履行方式和期限。行政处罚规定有罚没款处罚的，应当写明收缴罚没款的银行或者代收机构的名称、地址以及对当事人逾期缴纳罚款可以加处罚款的表述。一般表述为“当事人应当自收到本行政处罚决定书之日起十五日内，将罚没款缴至________银行（代收机构名称：________地址：______），或者通过______电子支付系统缴纳（缴纳方式为：______）。到期不缴纳罚款的，依据《中华人民共和国行政处罚法》第七十二条的规定，本局将每日按罚款数额的百分之三加处罚款，并依法申请人民法院强制执行。”

（10）救济途径和期限。写明当事人不服行政处罚决定申请行政复议或者提起行政诉讼的途径和期限。对此，一般表述为“如你（单位）不服本行政处罚决定，可以在收到本行政处罚决定书之日起六十日内向________申请行政复议；也可以在六个月内依法向________人民法院提起行政诉讼。申请行政复议或者提起行政诉讼期间，行政处罚不停止执行。”对行政处罚决定不服的，依法申请行政复议的期限为六十日，法律规定的申请期限超过六十日的从其规定；依法提起行政诉讼的期限为六个月，法律另有规定的从其规定。

3. 正文中括号内的楷体文字为内容提示，不体现在文书内容中。

4. 根据《市场监督管理行政处罚程序规定》第六十三条第一款，对具有一定社会影响的行政处罚决定应当在本文书末尾载明“（市场监督管理部门将依法向社会公开行政处罚决定信息）”。

5. 市场监督管理部门送达本文书，应当在宣告后当场交付当事人。当事人不在场的，应当在七个工作日内按照《市场监督管理行政处罚程序规定》第八十二条、第八十三条的规定送达当事人。

6. 本文书需填报《行政处理决定审批表》，经市场监督管理部门负责人批准后制发。

【法律依据】

《中华人民共和国行政处罚法》（2021 年 1 月 22 日）

第五十九条 行政机关依照本法第五十七条的规定给予行政处罚，应当制作行政处罚决定书。行政处罚决定书应当载明下列事项：

（一）当事人的姓名或者名称、地址；

（二）违反法律、法规、规章的事实和证据；

（三）行政处罚的种类和依据；

（四）行政处罚的履行方式和期限；

（五）申请行政复议、提起行政诉讼的途径和期限；

（六）作出行政处罚决定的行政机关名称和作出决定的日期。

行政处罚决定书必须盖有作出行政处罚决定的行政机关的印章。

《市场监督管理行政处罚程序规定》（2021 年 7 月 2 日）

第六十二条 市场监督管理部门作出行政处罚决定，应当制作行政处罚决定书，并加盖本部门印章。行政处罚决定书的内容包括：

（一）当事人的姓名或者名称、地址等基本情况；

（二）违反法律、法规、规章的事实和证据；

（三）当事人陈述、申辩的采纳情况及理由；

（四）行政处罚的内容和依据；

（五）行政处罚的履行方式和期限；

（六）申请行政复议、提起行政诉讼的途径和期限；

（七）作出行政处罚决定的市场监督管理部门的名称和作出决定的日期。

第六十三条 市场监督管理部门作出的具有一定社会影响的行政处罚决定应当按照有关规定向社会公开。

公开的行政处罚决定被依法变更、撤销、确认违法或者确认无效的，市场监督管理部门应当在三个工作日内撤回行政处罚决定信息并公开说明理由。

第八十二条 市场监督管理部门送达执法文书，应当按照下列方式进行：

（一）直接送达的，由受送达人在送达回证上注明签收日期，并签名或者盖章，受送达人在送达回证上注明的签收日期为送达日期。受送达人是自然人的，本人不在时交其同住成年家属签收；受送达人是法人或者其他组织的，应当由法人的法定代表人、其他组织的主要负责人或者该法人、其他组织负责收件的人签收；受送达人有代理人的，可以送交其代理人签收；受送达人已向市场监督管理部门指定代收人的，送交代收人签收。受送达人的同住成年家属，法人或者其他组织负责收件的人，代理人或者代收人在送达回证上签收的日期为送达日期。

（二）受送达人或者其同住成年家属拒绝签收的，市场监督管理部门可以邀请有关基层组织或者所在单位的代表到场，说明情况，在送达回证上载明拒收事由和日期，由送达人、见证人签名或者以其他方式确认，将执法文书留在受送达人的住所；也可以将执法文书留在受送达人的住所，并采取拍照、录像等方式记录送达过程，即视为送达。

（三）经受送达人同意并签订送达地址确认书，可以采用手机短信、传真、电子邮件、即时通讯账号等能够确认其收悉的电子方式送达执法文书，市场监督管理部门应当通过拍照、截屏、录音、录像等方式予以记录，手机短信、传真、电子邮件、即时通讯信息等到达受送达人特定系统的日期为送达日期。

（四）直接送达有困难的，可以邮寄送达或者委托当地市场监督管理部门、转交其他部门代为送达。邮寄送达的，以回执上注明的收件日期为送达日期；委托、转交送达的，受送达人的签收日期为送达日期。

（五）受送达人下落不明或者采取上述方式无法送达的，可以在市场监督管理部门公告栏和受送达人住所地张贴公告，也可以在报纸或者市场监督管理部门门户网站等刊登公告。自公告发布之日起经过六十日，即视为送达。公告送达，应当在案件材料中载明原因和经过。在市场监督管理部门公告栏和受送达人住所地张贴公告的，应当采取拍照、录像等方式记录张贴过程。

第八十三条 市场监督管理部门可以要求受送达人签署送达地址确认书，送达至受送达人确认的地址，即视为送达。受送达人送达地址发生变更的，应当及时书面告知市场监督管理部门；未及时告知的，市场监督管理部门按原地址送达，视为依法送达。

因受送达人提供的送达地址不准确、送达地址变更未书面告知市场监督管理部门，导致执法文书未能被受送达人实际接收的，直接送达的，执法文书留在该地址之日为送达之日；邮寄送达的，执法文书被退回之日为送达之日。

46. 不予行政处罚决定书

________市场监督管理局
不予行政处罚决定书

____市监不罚〔____〕__号

当事人：____

主体资格证照名称：________________________________

统一社会信用代码：________________________________

住所（住址）：____________________________________

法定代表人（负责人、经营者）：____________________

身份证件号码：____________________________________

（案件来源及调查经过）__________________________________
____
____

经查，（案件事实）______________________________________
____
____

上述事实，主要有以下证据证明：__________________________
____

（行政处罚告知情况，当事人陈述、申辩、听证意见，复核以及采纳情况和理由）____
____

（违法行为性质、不予行政处罚的决定和理由）________________
____
____

（救济途径和期限）____

____

____

依据《中华人民共和国行政处罚法》第三十三条第三款的规定，对你（单位）进行教育，具体内容如下：

1.____

2.____

3.____

________________市场监督管理局

（印　章）

年　　月　　日

本文书一式____份，____份送达，一份归档，________________________。

【说　明】

《不予行政处罚决定书》是市场监督管理部门对当事人确有违法行为但依法不予行政处罚时所使用的文书。

一、文书适用范围

市场监督管理部门适用普通程序办理行政处罚案件，依据《中华人民共和国行政处罚法》的规定，对符合《市场监督管理行政处罚程序规定》第六十条第一款第二项情形，或者依据其他法律、法规规定作出不予行政处罚决定的，使用本文书。

二、文书制作提示

1. 本文书不适用于“违法事实不成立，不予行政处罚”情形。

2. 不予行政处罚决定书的主要内容包括：

（1）当事人的姓名或者名称、地址等基本情况。当事人有主体资格证照的，按照当事人主体资格证照记载事项填写主体资格证照名称、统一社会信用代码、住所（住址）、法定代表人（负责人）等信息。当事人是个体工商户且有字号的，以字号名称为当事人名称，同时填写经营者姓名、身份证件号码。当事人主体资格证照未加载统一社会信用代码的，填写当事人主体资格证照名称及号码。

当事人是个人的，按照居民身份证记载事项填写姓名、住址及公民身份号码等信息。如无居民身份证的，填写其他有效身份证件名称及号码。

（2）案件来源及调查经过。可以写明案件线索来源、核查及立案的时间，以及采取的先行登记保存、行政强制措施、现场检查、抽样取证等案件调查情况。

（3）案件事实。案件事实需表述清楚，包括违法行为的时间、地点、目的、手段、情节、违法所得、危害结果、主观过错等。要客观真实，所描述的事实必须得到相关证据的支持，内容全面、重点突出。

（4）相关证据及证明事项。要将认定案件事实所依据的证据列举清楚，所列举的证据要符合证据的基本要素，根据证据规则应当能够认定案件事实。必要时可以将证据与所证明的事实分类列明。

（5）行政处罚告知情况，当事人陈述、申辩、听证意见，复核以及采纳情况和理由。如已进行行政处罚告知，听取当事人陈述、申辩，或者举行听证的，应当记载相关情况。

（6）违法行为性质、不予行政处罚的决定和理由。写明对当事人违法行为的定性及依据，以及不予行政处罚的理由及依据。决定责令当事人改正或者限期改正违法行为的，可以在本文书中一并表述。

（7）救济途径和期限。写明当事人不服不予行政处罚决定申请行政复议或者提起行政诉讼的途径和期限。对此，一般表述为"如你（单位）不服本行政处罚决定，可以在收到本行政处罚决定书之日起六十日内向________申请行政复议；也可以在六个月内依法向________人民法院提起行政诉讼。"对行政处罚决定不服的，依法申请行政复议的期限为六十日，法律规定的申请期限超过六十日的从其规定；依法提起行政诉讼的期限为六个月，法律另有规定的从其规定。

（8）根据《中华人民共和国行政处罚法》第三十三条第三款、《市场监督管理行政处罚程序规定》第六十一条规定，对当事人的违法行为依法不予行政处罚的，市场监督管理部门应当对当事人进行教育，如：要求当事人加强法律法规学习，可列明与违法行为相关的具体法律法规目录或条文；要求当事人规范经营行为，遵守行政管理秩序；要求当事人增强安全主体责任意识，加强安全规范管理等。具体可以根据实际情况填写。

3. 正文中括号内的楷体文字为内容提示，不体现在文书内容中。

4. 本文书需填报《行政处理决定审批表》，经市场监督管理部门负责人批准后制发。

5. 市场监督管理部门送达本文书，应当在宣告后当场交付当事人。当事人不在场的，应当在七个工作日内按照《市场监督管理行政处罚程序规定》第八十二条、第八十三条的规定送达当事人。

【法律依据】

《中华人民共和国行政处罚法》（2021 年 1 月 22 日）

第三十条 不满十四周岁的未成年人有违法行为的，不予行政处罚，责令监护人加以管教；已满十四周岁不满十八周岁的未成年人有违法行为的，应当从轻或者减轻行政处罚。

第三十一条 精神病人、智力残疾人在不能辨认或者不能控制自己行为时有违法行为的，不予行政处罚，但应当责令其监护人严加看管和治疗。间歇性精神病人在精神正常时有违法行为的，应当给予行政处罚。尚未完全丧失辨认或者控制自己行为能力的精神病人、智力残疾人有违法行为的，可以从轻或者减轻行政处罚。

第三十三条 违法行为轻微并及时改正，没有造成危害后果的，不予行政处罚。初次违法且危害后果轻微并及时改正的，可以不予行政处罚。

当事人有证据足以证明没有主观过错的，不予行政处罚。法律、行政法规另有规定的，从其规定。

对当事人的违法行为依法不予行政处罚的，行政机关应当对当事人进行教育。

第五十七条 调查终结，行政机关负责人应当对调查结果进行审查，根据不同情况，分别作出如下决定：

（一）确有应受行政处罚的违法行为的，根据情节轻重及具体情况，作出行政处罚决定；

（二）违法行为轻微，依法可以不予行政处罚的，不予行政处罚；

（三）违法事实不能成立的，不予行政处罚；

（四）违法行为涉嫌犯罪的，移送司法机关。

对情节复杂或者重大违法行为给予行政处罚，行政机关负责人应当集体讨论决定。

《市场监督管理行政处罚程序规定》（2021年7月2日）

第六十条 市场监督管理部门负责人经对案件调查终结报告、审核意见、当事人陈述和申辩意见或者听证报告等进行审查，根据不同情况，分别作出以下决定：

（一）确有依法应当给予行政处罚的违法行为的，根据情节轻重及具体情况，作出行政处罚决定；

（二）确有违法行为，但有依法不予行政处罚情形的，不予行政处罚；

（三）违法事实不能成立的，不予行政处罚；

（四）不属于市场监督管理部门管辖的，移送其他行政管理部门处理；

（五）违法行为涉嫌犯罪的，移送司法机关。

对本规定第五十条第一款规定的案件，拟给予行政处罚的，应当由市场监督管理部门负责人集体讨论决定。

第六十一条 对当事人的违法行为依法不予行政处罚的，市场监督管理部门应当对当事人进行教育。

第八十二条 市场监督管理部门送达执法文书，应当按照下列方式进行：

（一）直接送达的，由受送达人在送达回证上注明签收日期，并签名或者盖章，受送达人在送达回证上注明的签收日期为送达日期。受送达人是自然人的，本人不在时交其同住成年家属签收；受送达人是法人或者其他组织的，应当由法人的法定代表人、其他组织的主要负责人或者该法人、其他组织负责收件的人签收；受送达人有代理人的，可以送交其代理人签收；受送达人已向市场监督管理部门指定代收人的，送交代收人签收。受送达人的同住成年家属，法人或者其他组织负责收件的人，代理人或者代收人在送达回证上签收的日期为送达日期。

（二）受送达人或者其同住成年家属拒绝签收的，市场监督管理部门可以邀请有关基层组织或者所在单位的代表到场，说明情况，在送达回证上载明拒收事由和日期，由送达人、见证人签名或者以其他方式确认，将执法文书留在受送达人的住所；也可以将执法文书留在受送达人的住所，并采取拍照、录像等方式记录送达过程，即视为送达。

（三）经受送达人同意并签订送达地址确认书，可以采用手机短信、传真、电子邮件、即时通讯账号等能够确认其收悉的电子方式送达执法文书，市场监督管理部门应当通过拍照、截屏、录音、录像等方式予以记录，手机短信、传真、电子邮件、即时通讯信息等到达受送达人特定系统的日期为送达日期。

（四）直接送达有困难的，可以邮寄送达或者委托当地市场监督管理部门、转交其他部门代为送达。邮寄送达的，以回执上注明的收件日期为送达日期；委托、转交送达的，受送达人的签收日期为送达日期。

（五）受送达人下落不明或者采取上述方式无法送达的，可以在市场监督管理部门公告栏和受送达人住所地张贴公告，也可以在报纸或者市场监督管理部门门户网站等刊登公告。自公告发布之日起经过六十日，即视为送达。公告送达，应当在案件材料中载明原因和经过。在市场监督管理部门公告栏和受送达人住所地张贴公告的，应当采取拍照、录像等方式记录张贴过程。

第八十三条 市场监督管理部门可以要求受送达人签署送达地址确认书，送达至受送达人确认的地址，即视为送达。受送达人送达地址发生变更的，应当及时书面告知市场监督管理部门；未及时告知的，市场监督管理部门按原地址送达，视为依法送达。

因受送达人提供的送达地址不准确、送达地址变更未书面告知市场监督管理部门，导致执法文书未能被受送达人实际接收的，直接送达的，执法文书留在该地址之日为送达之日；邮寄送达的，执法文书被退回之日为送达之日。

47. 延期/分期缴纳罚款通知书

________市场监督管理局
延期/分期缴纳罚款通知书

____市监延分通〔____〕__号

__________________________：

本局于____年___月___日对你（单位）作出行政处罚决定（《行政处罚决定书》___市监处罚〔____〕____号），处罚款____________元。你（单位）于____年___月___日向本局提出延期/分期缴纳罚款的申请。

依据《中华人民共和国行政处罚法》第六十六条、《市场监督管理行政处罚程序规定》第七十四条的规定，本局同意你（单位）暂缓缴纳，____。

到期不缴纳罚款的，依据《中华人民共和国行政处罚法》第七十二条的规定，本局将____。

［依据《中华人民共和国行政处罚法》第六十六条、《市场监督管理行政处罚程序规定》第七十四条的规定，本局同意你（单位）分期缴纳，时限及数额具体如下：

序号	缴 款 时 间	缴款数额（元）	备 注
	年 月 日前		
	年 月 日前		
	年 月 日前		
合 计			

你（单位）应当在每次缴款时间届满前缴清当期缴款数额，到期不缴纳的，依据《中华人民共和国行政处罚法》第七十二条的规定，本局将______________________________________。]

______________市场监督管理局

（印　章）

年　　月　　日

本文书一式____份，____份送达，一份归档，______________________。

【说　明】

《延期/分期缴纳罚款通知书》是当事人确有经济困难，需要延期或者分期缴纳罚款，向市场监督管理部门提出书面申请后，经市场监督管理部门负责人批准同意，书面告知当事人时所使用的文书。

一、文书适用范围

市场监督管理部门依据《市场监督管理行政处罚程序规定》第七十四条的规定，对当事人书面提出的延期或者分期缴纳罚款申请，经市场监督管理部门负责人批准同意后，告知当事人的，使用本文书。

二、文书制作提示

1. 本文书使用时，应当根据实际情况在标题中对延期或者分期进行选择，同时选择相应的正文内容。

2. 同意暂缓缴纳的，应当明确缴纳的最后期限；同意分期缴纳的，应当明确每期缴纳的数额和期限。

3. 如当事人到期不缴纳罚款，市场监督管理部门依据《中华人民共和国行政处罚法》第七十二条的规定，可以每日按罚款数额的百分之三加处罚款，并依法申请人民法院强制执行。加处罚款的数额不得超出罚款的数额。

4. 使用本文书需填报《行政处罚案件有关事项审批表》，经市场监督管理部门负责人批准。

5. 本文书需送达当事人，并归档。

【法律依据】

《中华人民共和国行政处罚法》（2021 年 1 月 22 日）

第六十六条　行政处罚决定依法作出后，当事人应当在行政处罚决定书载明的期限内，予以履行。

当事人确有经济困难，需要延期或者分期缴纳罚款的，经当事人申请和行政机关批准，可以暂缓或者分期缴纳。

第七十二条　当事人逾期不履行行政处罚决定的，作出行政处罚决定的行政机关可以采取下列措施：

（一）到期不缴纳罚款的，每日按罚款数额的百分之三加处罚款，加处罚款的数额不得超出罚款的数额；

（二）根据法律规定，将查封、扣押的财物拍卖、依法处理或者将冻结的存款、汇款划拨抵缴罚款；

（三）根据法律规定，采取其他行政强制执行方式；

（四）依照《中华人民共和国行政强制法》的规定申请人民法院强制执行。

行政机关批准延期、分期缴纳罚款的，申请人民法院强制执行的期限，自暂缓或者分期缴纳罚款期限结束之日起计算。

《市场监督管理行政处罚程序规定》（2021 年 7 月 2 日）

第七十四条 当事人确有经济困难，需要延期或者分期缴纳罚款的，应当提出书面申请。经市场监督管理部门负责人批准，同意当事人暂缓或者分期缴纳罚款的，市场监督管理部门应当书面告知当事人暂缓或者分期的期限。

48. 行政处罚决定履行催告书

________市场监督管理局
行政处罚决定履行催告书

____市监罚催〔____〕__号

________________________：

本局于____年___月___日对你（单位）作出行政处罚决定（《行政处罚决定书》____市监处罚〔____〕____号）。你（单位）在法定期限内对该《行政处罚决定书》确定的下列义务没有履行：____。

依据《中华人民共和国行政强制法》第五十四条的规定，本局现催告你（单位）自收到本催告书之日起十个工作日内按照该《行政处罚决定书》确定的方式依法履行上述义务。

收到本催告书后，你（单位）有权进行陈述、申辩。无正当理由逾期仍不履行上述义务的，本局将依法申请人民法院强制执行。

联系人：________________________联系电话：____________________

联系地址：____

________________市场监督管理局

（印　章）

年　　月　　日

本文书一式____份，____份送达，一份归档，________________________。

【说　明】

《行政处罚决定履行催告书》是市场监督管理部门因当事人未在规定期限内履行行政处罚决定，在申请人民法院强制执行前，催告当事人履行义务时所使用的文书。

一、文书适用范围

市场监督管理部门依据《中华人民共和国行政强制法》第五十三条、第五十四条的规定，因当事人在法定期限内不申请行政复议或者提起行政诉讼又不履行行政处罚决定，在申请人民法院强制执行前催告当事人履行相关义务的，使用本文书。

二、文书制作提示

1. 本文书应当载明市场监督管理部门作出行政处罚决定的文书名称、文号，行政处罚决定书确定的义务，以及没有履行义务的情况。没有履行义务的情况，可以填写尚未缴纳罚款的数额以及加处罚款的数额，如："1. 罚款五万元；2. 因逾期未缴纳上述罚款，依法加处的罚款____万元"。

2. 使用本文书需填报《行政处罚案件有关事项审批表》，经市场监督管理部门负责人批准。

3. 本文书需送达当事人，并归档。

【法律依据】

《中华人民共和国行政强制法》（2011 年 6 月 30 日）

第五十三条　当事人在法定期限内不申请行政复议或者提起行政诉讼，又不履行行政决定的，没有行政强制执行权的行政机关可以自期限届满之日起三个月内，依照本章规定申请人民法院强制执行。

第五十四条　行政机关申请人民法院强制执行前，应当催告当事人履行义务。催告书送达十日后当事人仍未履行义务的，行政机关可以向所在地有管辖权的人民法院申请强制执行；执行对象是不动产的，向不动产所在地有管辖权的人民法院申请强制执行。

49. 强制执行申请书

________市场监督管理局
强制执行申请书

____市监执申〔____〕__号

申请人：____

法定代表人：________________　职务：________________

地址：____

被申请人：____

（个人）身份证件号码：________________________________

（单位）法定代表人（负责人）：____________________________

住所（住址）：____

统一社会信用代码：____

联系电话：____

请求事项：

申请________________人民法院强制执行：

1. 被申请人未依法履行的《行政处罚决定书》（____市监处罚〔________〕____号）中________________的处罚内容；

2. 加处罚款________元，计算方式为________________________。

申请强制执行的事实和理由：

本局于____年___月___日对被申请人作出《行政处罚决定书》（____市监处罚〔____〕____号），（此处填写当事人履行情况、复议或者诉讼情况）____

____

____

本局于____年___月___日向被申请人送达了《行政处罚决定履行催告书》（____市监罚催〔____〕____号），但被申请人在规定期限内仍未履行行政处罚决定。依据《中华人民共和国行政强制法》第五十三条、五十四条的规定，特依法申请强制执行。

联系人：______________________联系电话：____________________

附件：1.《行政处罚决定书》（____市监处罚〔____〕____号）

2.《行政处罚决定履行催告书》（____市监罚催〔____〕____号）

3. 法定代表人身份证明，授权委托书

4. 当事人意见及其他材料

行政机关负责人：_______________

_______________市场监督管理局

（印　章）

年　月　日

本文书一式____份，____份送达，一份归档，__________________________。

【说　明】

《强制执行申请书》是市场监督管理部门申请人民法院强制执行行政处罚决定时所使用的文书。

一、文书适用范围

依据《市场监督管理行政处罚程序规定》第七十六条第一款的规定，当事人在法定期限内不申请行政复议或者提起行政诉讼，又不履行行政处罚决定，且在收到催告书十个工作日后仍未履行行政处罚决定的，市场监督管理部门可以在期限届满之日起三个月内依法申请人民法院强制执行。向人民法院申请强制执行的，使用本文书。

二、文书制作提示

1. 应当准确填写申请人、被申请人信息，写明具体的请求事项和事实理由。

2. 请求事项应当就行政处罚决定中当事人未履行的部分申请强制执行。对到期不缴纳罚款的当事人加处罚款的，申请强制执行时应当一并申请。

3. 要准确把握申请强制执行的期限，避免超期申请。

4. 根据《中华人民共和国行政强制法》第五十五条第二款规定，强制执行申请书应当由行政机关负责人签名，加盖行政机关的印章，并注明日期。

5. 使用本文书需填报《行政处罚案件有关事项审批表》，经市场监督管理部门负责人批准。

6. 当地人民法院对本文书内容和格式另有要求的，按其要求制作。

【法律依据】

《中华人民共和国行政强制法》（2011 年 6 月 30 日）

第五十三条　当事人在法定期限内不申请行政复议或者提起行政诉讼，又不履行行政决定的，没有行政强制执行权的行政机关可以自期限届满之日起三个月内，依照本章规定申请人民法院强制执行。

第五十四条　行政机关申请人民法院强制执行前，应当催告当事人履行义务。催告书送达十日后当事人仍未履行义务的，行政机关可以向所在地有管辖权的人民法院申请强制执行；执行对象是不动产的，向不动产所在地有管辖权的人民法院申请强制执行。

第五十五条　行政机关向人民法院申请强制执行，应当提供下列材料：

（一）强制执行申请书；

（二）行政决定书及作出决定的事实、理由和依据；

（三）当事人的意见及行政机关催告情况；

（四）申请强制执行标的情况；

（五）法律、行政法规规定的其他材料。

强制执行申请书应当由行政机关负责人签名，加盖行政机关的印章，并注明日期。

《市场监督管理行政处罚程序规定》（2021 年 7 月 2 日）

第七十六条 当事人在法定期限内不申请行政复议或者提起行政诉讼，又不履行行政处罚决定，且在收到催告书十个工作日后仍不履行行政处罚决定的，市场监督管理部门可以在期限届满之日起三个月内依法申请人民法院强制执行。

市场监督管理部门批准延期、分期缴纳罚款的，申请人民法院强制执行的期限，自暂缓或者分期缴纳罚款期限结束之日起计算。

50. 送达回证

________市场监督管理局
送达回证

送达文书名称及文号	
受送达人	
送达时间	
送达地点	
送达方式	
收件人	（签名或者盖章） 年　月　日
送达人	（签名或者盖章） 年　月　日
见证人	（签名或者盖章） 年　月　日
备注	

【说　明】

《送达回证》是市场监督管理部门送达执法文书，记载相关文书送达情况时所使用的文书。

一、文书适用范围

依据《市场监督管理行政处罚程序规定》第八十一条、第八十二条、第八十三条的规定，市场监督管理部门办理行政处罚案件，需要送达法律文书的，使用本文书。

二、文书制作提示

1. 《送达回证》一般适用于直接送达、留置送达和委托送达。

2. 送达时间，应当精确到日。根据实际情况，也可精确到“××时××分”。

3. 送达地点，应当填写街道、楼栋、单元、门牌号等完整信息。

4. 收件人签名或盖章，并填写收件时间。收件人与受送达人不一致时，应当在备注中注明收件人的身份。

【法律依据】

《市场监督管理行政处罚程序规定》（2021 年 7 月 2 日）

第八十一条　市场监督管理部门送达行政处罚决定书，应当在宣告后当场交付当事人。当事人不在场的，应当在七个工作日内按照本规定第八十二条、第八十三条的规定，将行政处罚决定书送达当事人。

第八十二条　市场监督管理部门送达执法文书，应当按照下列方式进行：

（一）直接送达的，由受送达人在送达回证上注明签收日期，并签名或者盖章，受送达人在送达回证上注明的签收日期为送达日期。受送达人是自然人的，本人不在时交其同住成年家属签收；受送达人是法人或者其他组织的，应当由法人的法定代表人、其他组织的主要负责人或者该法人、其他组织负责收件的人签收；受送达人有代理人的，可以送交其代理人签收；受送达人已向市场监督管理部门指定代收人的，送交代收人签收。受送达人的同住成年家属，法人或者其他组织负责收件的人，代理人或者代收人在送达回证上签收的日期为送达日期。

（二）受送达人或者其同住成年家属拒绝签收的，市场监督管理部门可以邀请有关基层组织或者所在单位的代表到场，说明情况，在送达回证上载明拒收事由和日期，由送达人、见证人签名或者以其他方式确认，将执法文书留在受送达人的住所；也可以将执法文书留在受送达人的住所，并采取拍照、录像等方式记录送达过程，即视为送达。

（三）经受送达人同意并签订送达地址确认书，可以采用手机短信、传真、电子邮件、即时通讯账号等能够确认其收悉的电子方式送达执法文书，市场监督管理部门应当通过拍照、截屏、录音、录像等方式予以记录，手机短信、传真、电子邮件、即时通讯信息等到达受送达人特定系统的日期为送达日期。

（四）直接送达有困难的，可以邮寄送达或者委托当地市场监督管理部门、转交其他部门代为送达。邮寄送达的，以回执上注明的收件日期为送达日期；委托、转交送达的，受送达人的签收日期为送达日期。

（五）受送达人下落不明或者采取上述方式无法送达的，可以在市场监督管理部门公告栏和受送达人住所地张贴公告，也可以在报纸或者市场监督管理部门门户网站等刊登公告。自公告发布之日起经过六十日，即视为送达。公告送达，应当在案件材料中载明原因和经过。在市场监督管理部门公告栏和受送达人住所地张贴公告的，应当采取拍照、录像等方式记录张贴过程。

第八十三条 市场监督管理部门可以要求受送达人签署送达地址确认书，送达至受送达人确认的地址，即视为送达。受送达人送达地址发生变更的，应当及时书面告知市场监督管理部门；未及时告知的，市场监督管理部门按原地址送达，视为依法送达。

因受送达人提供的送达地址不准确、送达地址变更未书面告知市场监督管理部门，导致执法文书未能被受送达人实际接收的，直接送达的，执法文书留在该地址之日为送达之日；邮寄送达的，执法文书被退回之日为送达之日。

51. 行政处罚文书送达公告

________市场监督管理局
行政处罚文书送达公告

____市监罚送告〔____〕__号

________________________：

本局于____年___月___日依法对你（单位）作出__________________，因你下落不明/采取其他送达方式无法送达，依据《市场监督管理行政处罚程序规定》第八十二条第五项的规定，本局决定依法向你（单位）公告送达__________________________，内容是：______________________________。

请你（单位）自本公告发布之日起六十日内到本局领取____________，逾期不领取即视为送达。

（告知当事人陈述、申辩、复议、诉讼等权利）

联系人：______________________联系电话：____________________

联系地址：____

________________市场监督管理局

（印　章）

年　　月　　日

本文书一式____份，____份送达，一份归档，__________________________。

【说　明】

《行政处罚文书送达公告》是市场监督管理部门公告送达行政处罚有关文书时所使用的文书。

一、文书适用范围

依据《市场监督管理行政处罚程序规定》第八十二条第五项，受送达人下落不明或者采取其他送达方式无法送达，市场监督管理部门公告送达行政处罚告知书、行政处罚决定书、行政处罚决定履行催告书等行政处罚文书时，使用本文书。

二、文书制作提示

1. 公告中填写的内容应当说明送达的行政处罚文书的名称、文号和主要内容，当事人依法享有陈述、申辩、复议、诉讼等权利的，应当一并公告。

2. 公告送达前，应当先采取直接送达、留置送达、邮寄送达、委托送达及其他合理的送达方式。

3. 公告送达的，可以在市场监督管理部门公告栏和受送达人住所地张贴公告，也可以在报纸或者市场监督管理部门门户网站等刊登公告。自公告发布之日起经过六十日，即视为送达。在市场监督管理部门公告栏和受送达人住所地张贴公告的，应当采取拍照、录像等方式记录张贴过程。

4. 公告送达的，应当在案件材料中载明原因和经过，并将本文书归档。

5. 正文中括号内的楷体文字为内容提示，不体现在文书内容中。

【法律依据】

《市场监督管理行政处罚程序规定》（2021 年 7 月 2 日）

第八十二条　市场监督管理部门送达执法文书，应当按照下列方式进行：

（一）直接送达的，由受送达人在送达回证上注明签收日期，并签名或者盖章，受送达人在送达回证上注明的签收日期为送达日期。受送达人是自然人的，本人不在时交其同住成年家属签收；受送达人是法人或者其他组织的，应当由法人的法定代表人、其他组织的主要负责人或者该法人、其他组织负责收件的人签收；受送达人有代理人的，可以送交其代理人签收；受送达人已向市场监督管理部门指定代收人的，送交代收人签收。受送达人的同住成年家属，法人或者其他组织负责收件的人，代理人或者代收人在送达回证上签收的日期为送达日期。

（二）受送达人或者其同住成年家属拒绝签收的，市场监督管理部门可以邀请有关基层组织或者所在单位的代表到场，说明情况，在送达回证上载明拒收事由和日期，由送达人、见证人签名或者以其他方式确认，将执法文书留在受送达人的住所；也可以将执法文书留在受送达人的住所，并采取拍照、录像等方式记录送达过程，即视为送达。

（三）经受送达人同意并签订送达地址确认书，可以采用手机短信、传真、电子邮件、即时通讯账号等能够确认其收悉的电子方式送达执法文书，市场监督管理部门应当通过拍照、截屏、录音、录像等方式予以记录，手机短信、传真、电子邮件、即时通讯信息等到达受送达人特定系统的日期为送达日期。

（四）直接送达有困难的，可以邮寄送达或者委托当地市场监督管理部门、转交其他部门代为送达。邮寄送达的，以回执上注明的收件日期为送达日期；委托、转交送达的，受送达人的签收日期为送达日期。

（五）受送达人下落不明或者采取上述方式无法送达的，可以在市场监督管理部门公告栏和受送达人住所地张贴公告，也可以在报纸或者市场监督管理部门门户网站等刊登公告。自公告发布之日起经过六十日，即视为送达。公告送达，应当在案件材料中载明原因和经过。在市场监督管理部门公告栏和受送达人住所地张贴公告的，应当采取拍照、录像等方式记录张贴过程。

52. 涉案物品处理记录

________市场监督管理局
涉案物品处理记录

处理物品：见《场所/设施/财物清单》（文书编号：________________）

____

____

物品来源：____

处理依据：____

处理时间：____

处理地点：____

执行人：________________、________________

监督人：____

处理情况：____

____

____

____

____

____

____

____

____

执行人：________________ 年 月 日

________________ 年 月 日

监督人：________________ 年 月 日

第 页共 页

【说　明】

《涉案物品处理记录》是市场监督管理部门对采取行政强制措施或者没收的物品依法进行处理时所使用的文书。

一、文书适用范围

依据《中华人民共和国行政处罚法》第七十四条第一款、《市场监督管理行政处罚程序规定》第四十一条第三款等规定，市场监督管理部门对查封、扣押或者依法没收的物品进行处理并记载相关情况的，使用本文书。

二、文书制作提示

1. 《场所/设施/财物清单》是指处理物品时制作的清单，备注栏可以填写物品的处理方式。

2. 物品来源可以填写行政处罚决定书、实施行政强制措施决定书等文书及文号。

3. 处理依据是指市场监督管理部门依据罚没物资处理制度、物品先行处理制度等对物品进行处理的审批决定。

4. 监督人一般是指市场监督管理部门纪检、法制、财务等机构的工作人员，也可以是第三方见证物品处理过程的人员。

5. 处理情况中应当详细记录物品的自然状况和质量状况以及参与处理的部门、人员、处理过程、处理结果等。

6. 根据实际情况，可附物品处理过程的照片、录像等资料。

【法律依据】

《中华人民共和国行政处罚法》（2021年1月22日）

第七十四条　除依法应当予以销毁的物品外，依法没收的非法财物必须按照国家规定公开拍卖或者按照国家有关规定处理。

罚款、没收的违法所得或者没收非法财物拍卖的款项，必须全部上缴国库，任何行政机关或者个人不得以任何形式截留、私分或者变相私分。

罚款、没收的违法所得或者没收非法财物拍卖的款项，不得同作出行政处罚决定的行政机关及其工作人员的考核、考评直接或者变相挂钩。除依法应当退还、退赔的外，财政部门不得以任何形式向作出行政处罚决定的行政机关返还罚款、没收的违法所得或者没收非法财物拍卖的款项。

《市场监督管理行政处罚程序规定》（2021 年 7 月 2 日）

第四十一条 查封、扣押的场所、设施或者财物应当妥善保管，不得使用或者损毁；市场监督管理部门可以委托第三人保管，第三人不得损毁或者擅自转移、处置。

查封的场所、设施或者财物，应当加贴市场监督管理部门封条，任何人不得随意动用。

除法律、法规另有规定外，容易损毁、灭失、变质、保管困难或者保管费用过高、季节性商品等不宜长期保存的物品，在确定为罚没财物前，经权利人同意或者申请，并经市场监督管理部门负责人批准，在采取相关措施留存证据后，可以依法先行处置；权利人不明确的，可以依法公告，公告期满后仍没有权利人同意或者申请的，可以依法先行处置。先行处置所得款项按照涉案现金管理。

53. 结案审批表

__________市场监督管理局

结案审批表

<table>
<tr><td>案件名称</td><td colspan="4"></td></tr>
<tr><td>立案日期</td><td></td><td colspan="2">办案人员</td><td></td></tr>
<tr><td>处理决定文书</td><td></td><td colspan="2">处理决定日期</td><td></td></tr>
<tr><td>结案情形</td><td colspan="4">□行政处罚决定执行完毕　□人民法院裁定终结执行
□案件终止调查　□依法不予行政处罚
□违法事实不能成立　□移送其他行政管理部门
□移送司法机关　□其他：__________</td></tr>
<tr><td>行政处罚内容</td><td colspan="4"></td></tr>
<tr><td>行政处罚决定的执行方式</td><td>□主动履行
□强制执行
□其他：__________________</td><td>罚没财物处置情况</td><td colspan="2"></td></tr>
<tr><td>办案人员意见</td><td colspan="4">办案人员：
年　月　日</td></tr>
<tr><td>办案机构负责人意见</td><td colspan="4">办案机构负责人：
年　月　日</td></tr>
<tr><td>部门负责人意见</td><td colspan="4">部门负责人：
年　月　日</td></tr>
<tr><td>备　注</td><td colspan="4"></td></tr>
</table>

【说　明】

《结案审批表》是市场监督管理部门结案时所使用的文书。

一、文书适用范围

市场监督管理部门适用普通程序办理行政处罚案件，依据《市场监督管理行政处罚程序规定》第七十七条规定予以结案的，使用本文书。

二、文书制作提示

1. 案件名称按照“当事人姓名（名称）＋违法行为性质＋案”的方式表述。对于案件终止调查、违法事实不能成立、立案调查后移送其他行政管理部门和司法机关等处理决定，按照“当事人姓名（名称）＋涉嫌＋违法行为性质＋案”的方式表述。

2. 案件终止调查或者违法事实不能成立的，不需填写“处理决定文书”栏。处理决定日期填写相应《行政处罚案件有关事项审批表》日期。

3. 罚没财物处置情况应当写明罚没财物的处置时间、方式及结果。

【法律依据】

《市场监督管理行政处罚程序规定》（2021 年 7 月 2 日）

第七十七条　适用普通程序的案件有以下情形之一的，办案机构应当在十五个工作日内填写结案审批表，经市场监督管理部门负责人批准后，予以结案：

（一）行政处罚决定执行完毕的；

（二）人民法院裁定终结执行的；

（三）案件终止调查的；

（四）作出本规定第六十条第一款第二项至五项决定的；

（五）其他应予结案的情形。

54. 行政处罚案件卷宗封面

<table>
<tr><td>全宗名称</td><td colspan="3">________市场监督管理局</td></tr>
<tr><td>档案类别</td><td colspan="3">行政处罚案件卷宗</td></tr>
<tr><td>案件名称</td><td colspan="3"></td></tr>
<tr><td>行政处罚（不予行政处罚）决定书文号</td><td></td><td>办案机构</td><td></td></tr>
<tr><td>办案日期</td><td>立案日期　　年　　月　　日
结案日期　　年　　月　　日</td><td>保管期限</td><td></td></tr>
<tr><td colspan="2">本卷共________件________页</td><td>归档号</td><td></td></tr>
</table>

全宗号	目录号	案卷号

【说　明】

《行政处罚案件卷宗封面》是市场监督管理部门在行政处罚案件结案后将案件材料立卷归档时所作的案卷封面。

一、文书适用范围

市场监督管理部门依据《市场监督管理行政处罚程序规定》第七十八条的规定，将案件材料立卷归档，制作、填写卷宗封面的，使用本文书。

二、文书制作提示

1. 结案后，负责整理装订案卷的工作人员应当将案件材料按照档案管理的有关规定立卷归档。案卷归档应当一案一卷、材料齐全、规范有序。案卷可以分正卷、副卷，并按照要求归档。

2. 制作《行政处罚案件卷宗封面》需符合《文书档案案卷格式》（GB/T 9705-2008）基本要求，保持封面尺寸、填写方法等规范统一。

3. 案件名称按照“当事人姓名（名称）＋违法行为＋案”的方式表述。对于案件终止调查、违法事实不能成立、立案调查后移送司法机关等处理决定，按照“当事人姓名（名称）＋涉嫌＋违法行为＋案”的方式表述。

4. 行政处罚（不予行政处罚）决定书文号，按照《行政处罚决定书》或者《不予行政处罚决定书》发文字号填写。对于案件终止调查、违法事实不能成立、立案调查后移送司法机关等处理决定，不填写此项内容。

5. 办案机构是指市场监督管理部门负责承办案件的机构。

6. 保管期限，需根据行政处罚案件档案保管期限有关规定写明具体年限，保管期限自立卷之日起计算。

7. 卷内文件情况，需写明卷内文书、文件的件数及总页数。

8. 归档号由立卷人填写。由8位阿拉伯数字表示，前4位为案件办理当年的年份号，后4位为结案案件的流水号，自0001号开始，一案一号，依次编号。案件跨年度办结的，前4位使用案件办理当年年份号，后4位按当年结案案件流水号排序。

9. 全宗号、目录号、案卷号由本部门档案管理部门填写。全宗号是档案主管部门指定给立档单位的编号；目录号是全宗内案卷所属目录的编号，在同一个全宗内不允许出现重复的案卷目录号；案卷号是目录内案卷的顺序编号，在同一个案卷目录内不允许出现重复的案卷号，案卷号可依行政处罚决定书文号确定。

【法律依据】

《市场监督管理行政处罚程序规定》（2021 年 7 月 2 日）

第七十八条 结案后，办案人员应当将案件材料按照档案管理的有关规定立卷归档。案卷归档应当一案一卷、材料齐全、规范有序。

案卷可以分正卷、副卷。正卷按照下列顺序归档：

（一）立案审批表；

（二）行政处罚决定书及送达回证；

（三）对当事人制发的其他法律文书及送达回证；

（四）证据材料；

（五）听证笔录；

（六）财物处理单据；

（七）其他有关材料。

副卷按照下列顺序归档：

（一）案源材料；

（二）调查终结报告；

（三）审核意见；

（四）听证报告；

（五）结案审批表；

（六）其他有关材料。

案卷的保管和查阅，按照档案管理的有关规定执行。

55. 卷内文件目录

卷内文件目录

序号	文号	文件名称	日期	页号	备注

【说　明】

《卷内文件目录》是市场监督管理部门在行政处罚案件结案后，将案件材料装订成卷时记述有关案卷内材料的文书。

一、文书适用范围

市场监督管理部门在案件结案后，将案件材料按照档案管理的有关规定立卷归档时，依据《市场监督管理行政处罚程序规定》第七十八条第二款、第三款的规定，标示案卷内材料及顺序的，使用本文书。

二、文书制作提示

1. 制作《卷内文件目录》需符合《文书档案案卷格式》（GB/T 9705-2008）基本要求，保持幅面尺寸、填写方法等规范统一。

2. 序号使用阿拉伯数字填写。卷内文件应当按照《市场监督管理行政处罚程序规定》第七十八条第二款、第三款的顺序依次排列。发生行政复议或者行政诉讼的，行政复议答复书、行政诉讼答辩状以及行政复议决定书、行政判决书等文书材料应予归档。

3. 卷内文件有文号的，应当填入文号。

4. 写明该文件的制作、收集日期。填写时可省略“年”“月”“日”字。时间以 8 位数字表示，期中前 4 位表示年，中间 2 位表示月，后 2 位表示日，月日不足两位的，前面补“0”。

5. 每份文件应写明在整个案卷中的起止页号。以阿拉伯数字编写页号，空白页不编写页号。页号应当逐页编制，宜分别标注在文件正面右上角或背面左上角的空白位置。

6. 备注项目，说明卷内文件变化以及需要注释说明的其他情况。

【法律依据】

《市场监督管理行政处罚程序规定》（2021 年 7 月 2 日）

第七十八条　结案后，办案人员应当将案件材料按照档案管理的有关规定立卷归档。案卷归档应当一案一卷、材料齐全、规范有序。

案卷可以分正卷、副卷。正卷按照下列顺序归档：

（一）立案审批表；

（二）行政处罚决定书及送达回证；

（三）对当事人制发的其他法律文书及送达回证；

（四）证据材料；

（五）听证笔录；

（六）财物处理单据；

（七）其他有关材料。

副卷按照下列顺序归档：

（一）案源材料；

（二）调查终结报告；

（三）审核意见；

（四）听证报告；

（五）结案审批表；

（六）其他有关材料。

案卷的保管和查阅，按照档案管理的有关规定执行。

56. 卷内备考表

卷内备考表

本卷情况说明：
缺损、修改、补充、部分灭失等情况。

立卷人：
检查人：
立卷时间：

【说　明】

《卷内备考表》是根据档案管理有关规定，市场监督管理部门在案件办结归档时，记录、说明案卷内材料状况所使用的文书。

一、文书适用范围

市场监督管理部门在案件办结归档时，记录、说明案卷内材料状况的，使用本文书。

二、文书制作提示

1. 制作《卷内备考表》需符合《文书档案案卷格式》（GB/T 9705－2008）基本要求，保持幅面尺寸、填写方法等规范统一。

2. 本卷情况说明，写明有无缺损、修改、补充、部分灭失等情况。立卷后发生的或者发现的问题由有关的档案管理人员填写并签名、标注时间。

3. 立卷人，由整理装订案卷的工作人员签名，一般是指市场监督管理部门执法办案人员，也可以是负责档案工作的人员。

4. 检查人，由负责检查案卷质量的审核人员签名。

5. 立卷时间，填写案卷整理完毕经审核合格予以归档的日期。

二、市场监督管理执法监督文书

市场监管总局办公厅关于印发《市场监督管理执法监督文书格式范本》的通知[①]

市监法〔2020〕24 号

各省、自治区、直辖市及新疆生产建设兵团市场监管局（厅、委），总局各司局，国家药监局综合司、国家知识产权局办公室：

《市场监督管理执法监督暂行规定》将于 2020 年 4 月 1 日起施行。为配合该规章实施，市场监管总局制定了《市场监督管理执法监督文书格式范本》，现予印发，请结合实际情况适用。

市场监管总局办公厅

2020 年 3 月 16 日

① 格式范本参见下文。相应【法律依据】为编者所加，方便读者使用。

1. 市场监督管理执法监督通知书

市场监督管理执法监督通知书

(市场监督管理部门名称):

在________________过程中,发现你单位可能存在如下情形:

(列明具体情形)________________________________

____

根据《市场监督管理执法监督暂行规定》第十八条的规定,现请你单位于____年___月___日前提供以下材料或者情况说明:

(列明需要提供的具体材料或者情况说明)________________

____

逾期不提供的,将按照《市场监督管理执法监督暂行规定》第二十二条的规定予以处理。

联系人:________________联系电话:________________

(部门印章)

年　月　日

注:本文书一式三份,一份送达,一份留存,一份归档。

【法律依据】

《市场监督管理执法监督暂行规定》（2019年12月31日）

第十八条 上级市场监督管理部门发现下级市场监督管理部门及其执法人员可能存在不履行、违法履行或者不当履行法定职责情形的，经本级市场监督管理部门负责人批准，可以发出执法监督通知书，要求提供相关材料或者情况说明。

下级市场监督管理部门收到执法监督通知书后，应当于十个工作日内提供相关材料或者情况说明。

第二十二条 下级市场监督管理部门不执行执法监督通知书、决定书或者意见书的，上级市场监督管理部门可以责令改正、通报批评，并可以建议有权机关对负有责任的主管人员和相关责任人员予以批评教育、调离执法岗位或者处分。

2. 市场监督管理执法监督决定书

市场监督管理执法监督决定书

(市场监督管理部门名称):

____年___月___日，我局向你单位发出了《市场监督管理执法监督通知书》(文书编号____________)。经过调查核实，我局认为你单位存在如下情形：

(列明具体情形)____

____

根据《市场监督管理执法监督暂行规定》第十九条的规定，现作出如下决定：

(决定的具体内容)____

____

请你单位自收到本决定书后________工作日内执行上述决定，并在执行后十个工作日内向(________________部门)报告执行情况。逾期不执行的，将按照《市场监督管理执法监督暂行规定》第二十二条的规定予以处理。

如你单位对上述决定有异议，可以自收到本决定书之日起五个工作日内申请复查。

联系人：__________________________联系电话：______________________

(部门印章)

年　月　日

注：本文书一式三份，一份送达，一份留存，一份归档。

【法律依据】

《市场监督管理执法监督暂行规定》（2019年12月31日）

第十九条 上级市场监督管理部门发出执法监督通知书后，经过调查核实，认为下级市场监督管理部门及其执法人员存在不履行、违法履行或者不当履行法定职责情形的，经本级市场监督管理部门负责人批准，可以发出执法监督决定书，要求下级市场监督管理部门限期纠正；必要时可以直接纠正。

下级市场监督管理部门应当在执法监督决定书规定的期限内纠正相关行为，并于纠正后十个工作日内向上级市场监督管理部门报告纠正情况。

第二十二条 下级市场监督管理部门不执行执法监督通知书、决定书或者意见书的，上级市场监督管理部门可以责令改正、通报批评，并可以建议有权机关对负有责任的主管人员和相关责任人员予以批评教育、调离执法岗位或者处分。

3. 市场监督管理执法监督意见书

市场监督管理执法监督意见书

(市场监督管理部门名称)：

在______________________过程中，发现你单位在行政执法工作中存在如下问题或者风险：

(列明具体问题或者风险)____

____

根据《市场监督管理执法监督暂行规定》第二十一条的规定，现提出如下要求：

(列明具体要求)____

____

请你单位自收到本意见书后________工作日内将相关完善制度或者改进工作的情况报告(__________________部门)。逾期不报告的，将按照《市场监督管理执法监督暂行规定》第二十二条的规定予以处理。

联系人：________________________联系电话：____________________

(部门印章)

年　月　日

注：本文书一式三份，一份送达，一份留存，一份归档。

【法律依据】

《市场监督管理执法监督暂行规定》（2019 年 12 月 31 日）

第二十一条 上级市场监督管理部门发现下级市场监督管理部门行政执法工作中存在普遍性问题或者区域性风险，经本级市场监督管理部门负责人批准，可以向下级市场监督管理部门发出执法监督意见书，提出完善制度或者改进工作的要求。

下级市场监督管理部门应当在规定期限内将有关情况报告上级市场监督管理部门。

第二十二条 下级市场监督管理部门不执行执法监督通知书、决定书或者意见书的，上级市场监督管理部门可以责令改正、通报批评，并可以建议有权机关对负有责任的主管人员和相关责任人员予以批评教育、调离执法岗位或者处分。

三、市场监督管理部门处理投诉举报文书

市场监管总局关于印发《市场监督管理部门处理投诉举报文书式样》的通知[①]

国市监网监〔2019〕242 号

各省、自治区、直辖市及新疆生产建设兵团市场监管局（厅、委），国家药监局、国家知识产权局：

为了规范全国市场监管部门投诉举报处理工作，统一文书式样，市场监管总局根据最新通过的《市场监督管理投诉举报处理暂行办法》，制定了《市场监督管理部门处理投诉举报文书式样》（以下简称《文书式样》）。现予印发。

请各单位在使用《文书式样》过程中注意总结工作经验，及时反馈意见。

市场监管总局

2019 年 12 月 20 日

① 文书式样参见下文。相应【法律依据】为编者所加，方便读者使用。

1. 投诉登记表

投诉登记表

登记单位： 编号：

<table>
<tr><td rowspan="2">投诉人</td><td>姓名</td><td></td><td>联系电话</td><td></td></tr>
<tr><td>住址</td><td colspan="3"></td></tr>
<tr><td rowspan="2">被投诉人</td><td>名称（姓名）</td><td></td><td>联系人</td><td></td></tr>
<tr><td>地址</td><td></td><td>联系电话</td><td></td></tr>
<tr><td>消费者权益争议事实</td><td colspan="4"></td></tr>
<tr><td>投诉请求</td><td colspan="4"></td></tr>
<tr><td colspan="3">投诉人（签字）：
年 月 日</td><td colspan="2">经办人（签字）：
年 月 日</td></tr>
</table>

注：1. 本表格适用于市场监督管理部门或者其派出机构对消费者通过电话、传真、信函、上门等方式提起投诉的登记。

2. 消费者通过非现场方式提起投诉的，无须在投诉人一栏签字。

3. 消费者权益争议事实应当包括：消费者购买、使用商品或者接受服务的内容、时间、地点、涉及金额、争议情况等具体事实。

4. 投诉请求应当包括：消费者主张修理、重作、更换、退货、补足商品数量、退还货款和服务费用、赔偿损失等具体请求。

2. 举报登记表

举报登记表

登记单位：　　　　　　　　　　　　　　　　　　编号：

<table>
<tr><td rowspan="2">举报人</td><td>姓名</td><td></td><td>联系电话</td><td></td></tr>
<tr><td>住址</td><td colspan="3"></td></tr>
<tr><td rowspan="2">被举报人</td><td>名称（姓名）</td><td colspan="3"></td></tr>
<tr><td>地址</td><td colspan="3"></td></tr>
<tr><td>涉嫌违反市场监督管理法律、法规、规章的线索</td><td colspan="4"></td></tr>
<tr><td colspan="3">举报人（签字）：
年　月　日</td><td colspan="2">经办人（签字）：
年　月　日</td></tr>
</table>

注：1. 本表格适用于市场监督管理部门或者其派出机构对公众通过电话、传真、信函、上门等方式提起举报的登记。
2. 举报人可以匿名举报，应当提供具体涉嫌违法线索，并对举报内容的真实性负责。
3. 通过非现场方式提出举报的，无须在举报人一栏签字。

3. 投诉/举报转办通知书

投诉/举报转办通知书

市场监管〔　　〕第　　号

____________市场监督管理局（所）：

现转去____________于____年___月___日关于______________________的投诉/举报。请你局（所）按照《市场监督管理投诉举报处理暂行办法》的规定依法予以处理，并将处理结果于______年____月____日前及时报告我局。

附：相关材料　　份，共　　页。

年　　月　　日（印章）

注：本通知书适用于省级或者地市级市场监督管理部门或者其设立的 12315 投诉举报中心将收到的投诉/举报分送有处理权限/管辖权的市场监督管理部门或者其派出机构处理。

【法律依据】

《市场监督管理投诉举报处理暂行办法》（2019 年 11 月 30 日）

第三十七条 县级以上地方市场监督管理部门统一接收投诉举报的工作机构，应当及时将投诉举报分送有处理权限的下级市场监督管理部门或者同级市场监督管理部门相关机构处理。

同级市场监督管理部门相关机构收到分送的投诉举报的，应当按照本办法有关规定及时处理。不具备处理权限的，应当及时反馈统一接收投诉举报的工作机构，不得自行移送。

4. 投诉/举报分送情况告知书

投诉/举报分送情况告知书

市场监管〔　　〕第　　号

______：

我局于______年____月____日收到你关于__________________________的投诉/举报。根据《市场监督管理投诉举报处理暂行办法》的规定，我局已将你的投诉/举报分送至有处理权限的__________市场监督管理局（所）处理。

（联系人：________________，联系电话：________________）

特此告知。

年　　月　　日（印章）

注：1. 本告知书适用于省级或者地市级市场监督管理部门或者其设立的12315投诉举报中心将收到的投诉/举报依法分送后，根据实际工作需要，告知投诉人分送情况。

2. 本告知书中“联系人”、“联系电话”指有处理权限/管辖权的市场监督管理部门或者其派出机构负责处理投诉/举报的工作人员及其联系电话。

3. 本告知书可以通过互联网、电话、短信、电子邮件、传真、信函等方式告知。

【法律依据】

《市场监督管理投诉举报处理暂行办法》（2019 年 11 月 30 日）

第三十七条 县级以上地方市场监督管理部门统一接收投诉举报的工作机构，应当及时将投诉举报分送有处理权限的下级市场监督管理部门或者同级市场监督管理部门相关机构处理。

同级市场监督管理部门相关机构收到分送的投诉举报的，应当按照本办法有关规定及时处理。不具备处理权限的，应当及时反馈统一接收投诉举报的工作机构，不得自行移送。

5. 投诉受理决定书

投诉受理决定书

市场监管〔　　〕第　　号

__________：

我局（所）于______年_____月_____日收到你关于____________________的投诉，经审查，符合《市场监督管理投诉举报处理暂行办法》规定的受理条件，我局（所）决定受理。

（联系人：________________，联系电话：________________）

特此告知。

年　　月　　日（印章）

注：1. 本决定书适用于有处理权限的市场监督管理部门或者其派出机构对投诉作出受理决定，并告知投诉人受理情况。

2. 市场监督管理部门派出机构以自己名义作出受理决定的，使用派出机构印章。

3. 本决定书中“联系人”、“联系电话”指有处理权限的市场监督管理部门或者其派出机构负责处理投诉的工作人员及其联系电话。

4. 本决定书可以通过互联网、电话、短信、电子邮件、传真、信函等方式告知。

【法律依据】

《市场监督管理投诉举报处理暂行办法》（2019 年 11 月 30 日）

第十四条 具有本办法规定的处理权限的市场监督管理部门，应当自收到投诉之日起七个工作日内作出受理或者不予受理的决定，并告知投诉人。

第十五条 投诉有下列情形之一的，市场监督管理部门不予受理：

（一）投诉事项不属于市场监督管理部门职责，或者本行政机关不具有处理权限的；

（二）法院、仲裁机构、市场监督管理部门或者其他行政机关、消费者协会或者依法成立的其他调解组织已经受理或者处理过同一消费者权益争议的；

（三）不是为生活消费需要购买、使用商品或者接受服务，或者不能证明与被投诉人之间存在消费者权益争议的；

（四）除法律另有规定外，投诉人知道或者应当知道自己的权益受到被投诉人侵害之日起超过三年的；

（五）未提供本法第九条第一款和第十条规定的材料的；

（六）法律、法规、规章规定不予受理的其他情形。

6. 投诉不予受理决定书

投诉不予受理决定书

市场监督〔　　〕第　　号

____________：

我局（所）于______年____月____日收到你关于____________________的投诉。经审查，属以下第〔　　〕项情形，依据《市场监督管理投诉举报处理暂行办法》的规定，我局（所）决定不予受理。

（一）投诉事项不属于市场监督管理部门职责，或者本行政机关不具有处理权限的；

（二）法院、仲裁机构、市场监督管理部门或者其他行政机关、消费者协会或者依法成立的其他调解组织已经受理或者处理过同一消费者权益争议的；

（三）不是为生活消费需要购买、使用商品或者接受服务，或者不能证明与被投诉人之间存在消费者权益争议的；

（四）除法律另有规定外，投诉人知道或者应当知道自己的权益受到被投诉人侵害之日起超过三年的；

（五）未提供《市场监督管理投诉举报处理暂行办法》第九条第一款和第十条规定的材料的；

（六）法律、法规、规章规定不予受理投诉的其他情形。

特此告知。

年　　月　　日（印章）

注：1. 本决定书适用于有处理权限的市场监督管理部门或者其派出机构对投诉作出不予受理决定，并告知投诉人不予受理情况。

2. 市场监督管理部门派出机构以自己名义作出不予受理决定的，使用派出机构印章。

3. 本决定书可以通过互联网、电话、短信、电子邮件、传真、信函等方式告知。

【法律依据】

《市场监督管理投诉举报处理暂行办法》（2019年11月30日）

第九条 投诉应当提供下列材料：

（一）投诉人的姓名、电话号码、通讯地址；

（二）被投诉人的名称（姓名）、地址；

（三）具体的投诉请求以及消费者权益争议事实。

投诉人采取非书面方式进行投诉的，市场监督管理部门工作人员应当记录前款规定信息。

第十条 委托他人代为投诉的，除提供本办法第九条第一款规定的材料外，还应当提供授权委托书原件以及受托人身份证明。

授权委托书应当载明委托事项、权限和期限，由委托人签名。

第十五条 投诉有下列情形之一的，市场监督管理部门不予受理：

（一）投诉事项不属于市场监督管理部门职责，或者本行政机关不具有处理权限的；

（二）法院、仲裁机构、市场监督管理部门或者其他行政机关、消费者协会或者依法成立的其他调解组织已经受理或者处理过同一消费者权益争议的；

（三）不是为生活消费需要购买、使用商品或者接受服务，或者不能证明与被投诉人之间存在消费者权益争议的；

（四）除法律另有规定外，投诉人知道或者应当知道自己的权益受到被投诉人侵害之日起超过三年的；

（五）未提供本法第九条第一款和第十条规定的材料的；

（六）法律、法规、规章规定不予受理的其他情形。

7. 投诉调解通知书

投诉调解通知书

市场监管〔 〕第 号

_____________：

关于_____________________________________的投诉，我局（所）已经受理，根据《市场监督管理投诉举报处理暂行办法》的规定，现组织双方当事人进行现场调解。请于______年____月____日____时到_______________参加调解。无正当理由不参加调解的，我局（所）将依法终止调解。

（调解人员：________________；联系电话：________________）

特此通知。

年 月 日（印章）

注：1. 本通知书适用于有处理权限的市场监督管理部门或者其派出机构通知投诉人和被投诉人参加现场调解。

2. 本通知书中"调解人员"、"联系电话"指有处理权限的市场监督管理部门或者其派出机构主持调解的工作人员及其联系电话。

3. 市场监督管理部门派出机构以自己名义组织调解的，使用派出机构印章。

4. 本通知书可以通过互联网、电话、短信、电子邮件、传真、信函等方式告知。

【法律依据】

《市场监督管理投诉举报处理暂行办法》（2019年11月30日）

第十六条 市场监督管理部门经投诉人和被投诉人同意，采用调解的方式处理投诉，但法律、法规另有规定的，依照其规定。

鼓励投诉人和被投诉人平等协商，自行和解。

第十八条 调解可以采取现场调解方式，也可以采取互联网、电话、音频、视频等非现场调解方式。

采取现场调解方式的，市场监督管理部门或者其委托单位应当提前告知投诉人和被投诉人调解的时间、地点、调解人员等。

8. 投诉终止调解决定书

投诉终止调解决定书

市场监管〔　　〕第　　号

______：

经审查，关于______投诉的调解过程中出现以下第〔　　〕项情形，依据《市场监督管理投诉举报处理暂行办法》的规定，我局（所）决定终止调解。

（一）投诉人撤回投诉或者双方自行和解的；

（二）投诉人与被投诉人对委托承担检定、检验、检测、鉴定工作的技术机构或者费用承担无法协商一致的；

（三）投诉人或者被投诉人无正当理由不参加调解，或者被投诉人明确拒绝调解的；

（四）经组织调解，投诉人或者被投诉人明确表示无法达成调解协议的；

（五）自投诉受理之日起四十五个工作日内投诉人和被投诉人未能达成调解协议的；

（六）市场监督管理部门受理投诉后，发现存在《市场监督管理投诉举报处理暂行办法》第十五条规定情形的；

（七）法律、法规、规章规定应当终止调解的其他情形。

特此告知。

年　　月　　日（印章）

注：1. 本决定书适用于有处理权限的市场监督管理部门或者其派出机构对投诉作出终止调解决定，并告知投诉人和被投诉人。

2. 市场监督管理部门派出机构以自己名义作出终止调解决定的，使用派出机构印章。

3. 本决定书可以通过互联网、电话、短信、电子邮件、传真、信函等方式告知。

【法律依据】

《市场监督管理投诉举报处理暂行办法》（2019 年 11 月 30 日）

第十五条 投诉有下列情形之一的，市场监督管理部门不予受理：

（一）投诉事项不属于市场监督管理部门职责，或者本行政机关不具有处理权限的；

（二）法院、仲裁机构、市场监督管理部门或者其他行政机关、消费者协会或者依法成立的其他调解组织已经受理或者处理过同一消费者权益争议的；

（三）不是为生活消费需要购买、使用商品或者接受服务，或者不能证明与被投诉人之间存在消费者权益争议的；

（四）除法律另有规定外，投诉人知道或者应当知道自己的权益受到被投诉人侵害之日起超过三年的；

（五）未提供本法第九条第一款和第十条规定的材料的；

（六）法律、法规、规章规定不予受理的其他情形。

第二十一条 有下列情形之一的，终止调解：

（一）投诉人撤回投诉或者双方自行和解的；

（二）投诉人与被投诉人对委托承担检定、检验、检测、鉴定工作的技术机构或者费用承担无法协商一致的；

（三）投诉人或者被投诉人无正当理由不参加调解，或者被投诉人明确拒绝调解的；

（四）经组织调解，投诉人或者被投诉人明确表示无法达成调解协议的；

（五）自投诉受理之日起四十五个工作日内投诉人和被投诉人未能达成调解协议的；

（六）市场监督管理部门受理投诉后，发现存在本办法第十五条规定情形的；

（七）法律、法规、规章规定的应当终止调解的其他情形。

终止调解的，市场监督管理部门应当自作出终止调解决定之日起七个工作日内告知投诉人和被投诉人。

9. 投诉调解书

投诉调解书

市场监督管理〔　　〕第　　号

投诉人：________________电　话：________________
住　址：________________单　位：________________
委托代理人：________________电　话：________________
被投诉人：________________________________
法定代表人（负责人）：________电　话：________________
地　址（经营场所）：________________________________
委托代理人：________________电　话：________________
投诉内容及投诉请求：________________________________
____
____

根据《市场监督管理投诉举报处理暂行办法》有关规定，本局（所）组织双方当事人进行调解，双方自愿达成如下协议：________________
____

本调解书经双方当事人签字后生效。调解书生效后无法执行的，投诉人可以按照法律、法规的有关规定向有关部门申请仲裁或者向人民法院提起诉讼。

投 诉 人（签名）：________________
被投诉人（签名）：________________
调解人员（签名）：________________

年　　月　　日（印章）

注：1. 本调解书适用于有处理权限的市场监督管理部门或者其派出机构组织投诉人和被投诉人现场调解并达成调解协议。调解协议已经即时履行或者双方同意不制作调解书的，可以不制作调解书，市场监督管理部门应当做好调解记录备查。
2. 本调解书由投诉人和被投诉人双方签字或者盖章，并加盖市场监督管理部门印章，交投诉人和被投诉人各执一份，市场监督管理部门留存一份归档。
3. 市场监督管理部门派出机构以自己名义组织调解的，使用派出机构印章。
4. 投诉人和被投诉人委托他人参加调解的，被委托人应当出具授权委托书和身份证明。授权委托书应当载明委托事项、权限和期限，并应当由委托人本人签名。

【法律依据】

《市场监督管理投诉举报处理暂行办法》（2019 年 11 月 30 日）

第十六条 市场监督管理部门经投诉人和被投诉人同意，采用调解的方式处理投诉，但法律、法规另有规定的，依照其规定。

鼓励投诉人和被投诉人平等协商，自行和解。

第二十二条 经现场调解达成调解协议的，市场监督管理部门应当制作调解书，但调解协议已经即时履行或者双方同意不制作调解书的除外。调解书由投诉人和被投诉人双方签字或者盖章，并加盖市场监督管理部门印章，交投诉人和被投诉人各执一份，市场监督管理部门留存一份归档。

未制作调解书的，市场监督管理部门应当做好调解记录备查。

10. 举报立案告知书

举报立案告知书

市场监管〔　　〕第　　号

____________：

我局于______年____月____日收到你关于____________________________的举报，经核查，我局决定予以立案。

特此告知。

年　　月　　日（印章）

注：1. 本告知书适用于有管辖权的市场监督管理部门告知实名举报人立案情况。

2. 本告知书可以通过互联网、电话、短信、电子邮件、传真、信函等方式告知。

11. 举报不予立案告知书

举报不予立案告知书

市场监管〔　　〕第　　号

____________：

我局于______年____月____日收到你关于__________________________的举报，经核查，我局决定不予立案。

特此告知。

年　　月　　日（印章）

注：1. 本告知书适用于有管辖权的市场监督管理部门告知实名举报人不予立案情况。
2. 本告知书可以通过互联网、电话、短信、电子邮件、传真、信函等方式告知。

12. 投诉/举报处理结果报告书

投诉/举报处理结果报告书

市场监管〔　　〕第　　号

__________市场监督管理局：

我局（所）于_______年____月____日收到你局分送的关于_____________________________的投诉/举报，现将处理结果报告如下：

____

____

____

____

____

____

（经办人：______________；联系电话：______________）

附：相关材料　　份，共　　页。

年　　月　　日（印章）

注：1. 本报告书适用于有处理权限/管辖权的市场监督管理部门或者其派出机构向上级市场监督管理部门及其设立的12315投诉举报中心报告投诉/举报处理结果。

2. 市场监督管理部门派出机构以自己名义处理投诉/举报的，使用派出机构印章。

3. 本报告书应当按照时限要求，通过电子文书或者纸质文书形式及时反馈。

四、食品生产许可文书

市场监管总局办公厅关于印发食品生产许可文书和食品生产许可证格式标准的通知[①]

市监食生〔2020〕18 号

各省、自治区、直辖市及新疆生产建设兵团市场监管局（厅、委）：

为贯彻落实《中华人民共和国食品安全法》《食品生产许可管理办法》，指导各地开展食品生产许可工作，总局研究制定了食品生产许可文书及生产许可证格式标准，现印发给你们，请遵照执行。

附件： 1. 食品生产许可申请书

2. 食品生产许可申请受理通知书
3. 食品生产许可申请不予受理通知书
4. 食品生产许可现场核查通知书
5. 准予食品生产许可决定书
6. 不予食品生产许可决定书
7. 食品生产许可证注销申请书
8. 食品生产许可流程登记表
9. 食品生产许可证格式标准

市场监管总局办公厅

2020 年 2 月 25 日

① 附件 1—8 的文书式样参见下文，附件 9 略。相应【法律依据】为编者所加，方便读者使用。

1. 食品生产许可申请书

食品生产许可申请书

许可类别：□食品

□食品添加剂

申请事项：□首次申请

□许可变更

□许可延续

申请人名称：__________（签字或盖章）__________

申请日期：__________年________月________日

声　明

按照《中华人民共和国食品安全法》及《食品生产许可管理办法》要求，本申请人提出食品生产许可申请。所填写申请书及其他申请材料内容真实、有效（复印件或者扫描件与原件相符）。

特此声明。

一、申请人基本情况

申请人名称			
法定代表人（负责人）			
食品生产许可证编号	（变更、延续申请时填写）		
统一社会信用代码			
住　　所			
生产地址			
联 系 人		联系电话	
传　　真		电子邮件	
变更事项	（变更、延续申请时填写）		
备　　注			

二、产品信息表

序号	食品、食品添加剂类别	类别编号	类别名称	品种明细	备注

注：1. 填写时请参照《食品、食品添加剂分类目录》。

2. 申请食品添加剂生产许可的，食品添加剂生产许可审查细则对产品明细有要求的，填入“备注”列。

3. 生产保健食品、特殊医学用途配方食品、婴幼儿配方食品的，在“备注”列中载明产品或者产品配方的注册号或者备案登记号；接受委托生产保健食品的，还应当载明委托企业名称及住所等相关信息。生产保健食品原料提取物的，应在“品种明细”列中标注原料提取物名称，并在备注列载明该保健食品名称、注册号或备案号等信息；生产复配营养素的，应在“品种明细”列中标注维生素或矿物质预混料，并在“备注”列载明该保健食品名称、注册号或备案号等信息。

三、食品生产主要设备、设施

设备、设施				
序号	名称	规格/型号	数量	使用场所
检验仪器				
序号	检验仪器名称	精度等级	数量	使用场所

四、食品安全专业技术人员及食品安全管理人员

序号	姓名	身份证号	职务	文化程度与专业	人员类别	专职/兼职情况
					□专业技术人员 □管理人员	□专职人员 □兼职人员
					□专业技术人员 □管理人员	□专职人员 □兼职人员
					□专业技术人员 □管理人员	□专职人员 □兼职人员
					□专业技术人员 □管理人员	□专职人员 □兼职人员
					□专业技术人员 □管理人员	□专职人员 □兼职人员
					□专业技术人员 □管理人员	□专职人员 □兼职人员
					□专业技术人员 □管理人员	□专职人员 □兼职人员
					□专业技术人员 □管理人员	□专职人员 □兼职人员
					□专业技术人员 □管理人员	□专职人员 □兼职人员
					□专业技术人员 □管理人员	□专职人员 □兼职人员
					□专业技术人员 □管理人员	□专职人员 □兼职人员
					□专业技术人员 □管理人员	□专职人员 □兼职人员
					□专业技术人员 □管理人员	□专职人员 □兼职人员
					□专业技术人员 □管理人员	□专职人员 □兼职人员

说明：1. 人员可以在内部兼任职务。

2. 同一人员可以是专业技术人员和管理人员双重身份，请据实填写。

五、食品安全管理制度清单

序号	管理制度名称	文件编号

注：只需要填报食品安全管理制度清单，无需提交制度文本。

六、食品生产许可其他申请材料清单

根据《食品生产许可管理办法》，申请食品、食品添加剂生产许可，申请人需要提交以下材料：

1. 食品（食品添加剂）生产设备布局图（附后）；
2. 食品（食品添加剂）生产工艺流程图（附后）；

申请特殊食品生产许可，申请人还需要提交以下材料：

1. 特殊食品的生产质量管理体系文件（附后）；
2. 特殊食品的相关注册和备案文件（附后）。

注：1. 特殊食品包括：保健食品、特殊医学用途配方食品、婴幼儿配方食品。

2. 保健食品申请材料可结合《保健食品生产许可审查细则》和监管需要，由各省决定提交全部材料或目录清单。

【法律依据】

《中华人民共和国食品安全法》（2021年4月29日）

第三十五条 国家对食品生产经营实行许可制度。从事食品生产、食品销售、餐饮服务，应当依法取得许可。但是，销售食用农产品和仅销售预包装食品的，不需要取得许可。仅销售预包装食品的，应当报所在地县级以上地方人民政府食品安全监督管理部门备案。

县级以上地方人民政府食品安全监督管理部门应当依照《中华人民共和国行政许可法》的规定，审核申请人提交的本法第三十三条第一款第一项至第四项规定要求的相关资料，必要时对申请人的生产经营场所进行现场核查；对符合规定条件的，准予许可；对不符合规定条件的，不予许可并书面说明理由。

《食品生产许可管理办法》（2020年1月2日）

第十条 申请食品生产许可，应当先行取得营业执照等合法主体资格。

企业法人、合伙企业、个人独资企业、个体工商户、农民专业合作组织等，以营业执照载明的主体作为申请人。

第十一条 申请食品生产许可，应当按照以下食品类别提出：粮食加工品，食用油、油脂及其制品，调味品，肉制品，乳制品，饮料，方便食品，饼干，罐头，冷冻饮品，速冻食品，薯类和膨化食品，糖果制品，茶叶及相关制品，酒类，蔬菜制品，水果制品，炒货食品及坚果制品，蛋制品，可可及焙烤咖啡产品，食糖，水产制品，淀粉及淀粉制品，糕点，豆制品，蜂产品，保健食品，特殊医学用途配方食品，婴幼儿配方食品，特殊膳食食品，其他食品等。

国家市场监督管理总局可以根据监督管理工作需要对食品类别进行调整。

第十二条 申请食品生产许可，应当符合下列条件：

（一）具有与生产的食品品种、数量相适应的食品原料处理和食品加工、包装、贮存等场所，保持该场所环境整洁，并与有毒、有害场所以及其他污染源保持规定的距离；

（二）具有与生产的食品品种、数量相适应的生产设备或者设施，有相应的消毒、更衣、盥洗、采光、照明、通风、防腐、防尘、防蝇、防鼠、防虫、洗涤以及处理废水、存放垃圾和废弃物的设备或者设施；保健食品生产工艺有原料提取、纯化等前处理工序的，需要具备与生产的品种、数量相适应的原料前处理设备或者设施；

（三）有专职或者兼职的食品安全专业技术人员、食品安全管理人员和保证食品安全的规章制度；

（四）具有合理的设备布局和工艺流程，防止待加工食品与直接入口食品、原料与成品交叉污染，避免食品接触有毒物、不洁物；

（五）法律、法规规定的其他条件。

第十三条 申请食品生产许可，应当向申请人所在地县级以上地方市场监督管理部门提交下列材料：

（一）食品生产许可申请书；

（二）食品生产设备布局图和食品生产工艺流程图；

（三）食品生产主要设备、设施清单；

（四）专职或者兼职的食品安全专业技术人员、食品安全管理人员信息和食品安全管理制度。

2. 食品生产许可申请受理通知书

食品生产许可申请受理通知书

（ ）受字〔 〕第 号

____申请人名称____：

你（单位）提出________（食品、食品添加剂类别）________的食品生产许可申请和所提供（出示）的材料，符合食品生产许可申请条件。根据《中华人民共和国行政许可法》第三十二条第一款第（五）项规定，决定予以受理。

许可专用章

年 月 日

备注：本通知书应当即时或者在2个工作日内作出。许可受理工作尚未实施全程电子化的，本通知书一式两份，一份送达申请人，一份存档；许可受理工作实施全程电子化的，加盖电子印章后通过信息化系统直接反馈申请人。（本备注在正式使用时不显示）

【法律依据】

《中华人民共和国行政许可法》（2019 年 4 月 23 日）

第三十二条 行政机关对申请人提出的行政许可申请，应当根据下列情况分别作出处理：

（一）申请事项依法不需要取得行政许可的，应当即时告知申请人不受理；

（二）申请事项依法不属于本行政机关职权范围的，应当即时作出不予受理的决定，并告知申请人向有关行政机关申请；

（三）申请材料存在可以当场更正的错误的，应当允许申请人当场更正；

（四）申请材料不齐全或者不符合法定形式的，应当当场或者在五日内一次告知申请人需要补正的全部内容，逾期不告知的，自收到申请材料之日起即为受理；

（五）申请事项属于本行政机关职权范围，申请材料齐全、符合法定形式，或者申请人按照本行政机关的要求提交全部补正申请材料的，应当受理行政许可申请。

行政机关受理或者不予受理行政许可申请，应当出具加盖本行政机关专用印章和注明日期的书面凭证。

3. 食品生产许可申请不予受理通知书

食品生产许可申请不予受理通知书

（　　）不字〔　　〕第　　号

　申请人名称　：

你（单位）提出＿＿＿＿（食品、食品添加剂类别）＿＿＿＿的食品生产许可申请，经审查，存在以下情况：

□不需要取得食品、食品添加剂生产许可；

□不属于本机关职权范围；

□曾因隐瞒真实情况或者提供虚假材料申请食品生产许可，未满1年；

□曾以欺骗、贿赂等不正当手段取得食品生产许可，未满3年。

根据《中华人民共和国行政许可法》第三十二条第一款第＿＿＿项及《食品生产许可管理办法》的规定，决定不予受理。

如不服从本决定，你（单位）可以按照《中华人民共和国行政复议法》第九条的规定提起行政复议，或者按照《中华人民共和国行政诉讼法》第四十四条至第四十六条的规定提起行政诉讼。

（许可专用章）

年　　月　　日

备注：本通知书应当即时或者在2个工作日内作出。许可受理工作尚未实施全程电子化的，本通知书一式两份，一份送达申请人，一份存档；许可受理工作实施全程电子化的，加盖电子印章后通过信息化系统直接反馈申请人。（本备注在正式使用时不显示）

【法律依据】

《中华人民共和国行政许可法》（2019 年 4 月 23 日）

第三十二条 行政机关对申请人提出的行政许可申请，应当根据下列情况分别作出处理：

（一）申请事项依法不需要取得行政许可的，应当即时告知申请人不受理；

（二）申请事项依法不属于本行政机关职权范围的，应当即时作出不予受理的决定，并告知申请人向有关行政机关申请；

（三）申请材料存在可以当场更正的错误的，应当允许申请人当场更正；

（四）申请材料不齐全或者不符合法定形式的，应当当场或者在五日内一次告知申请人需要补正的全部内容，逾期不告知的，自收到申请材料之日起即为受理；

（五）申请事项属于本行政机关职权范围，申请材料齐全、符合法定形式，或者申请人按照本行政机关的要求提交全部补正申请材料的，应当受理行政许可申请。

行政机关受理或者不予受理行政许可申请，应当出具加盖本行政机关专用印章和注明日期的书面凭证。

《中华人民共和国行政复议法》（2017 年 9 月 1 日）

第九条 公民、法人或者其他组织认为具体行政行为侵犯其合法权益的，可以自知道该具体行政行为之日起六十日内提出行政复议申请；但是法律规定的申请期限超过六十日的除外。

因不可抗力或者其他正当理由耽误法定申请期限的，申请期限自障碍消除之日起继续计算。

《中华人民共和国行政诉讼法》（2017 年 6 月 27 日）

第四十四条 对属于人民法院受案范围的行政案件，公民、法人或者其他组织可以先向行政机关申请复议，对复议决定不服的，再向人民法院提起诉讼；也可以直接向人民法院提起诉讼。

法律、法规规定应当先向行政机关申请复议，对复议决定不服再向人民法院提起诉讼的，依照法律、法规的规定。

第四十五条 公民、法人或者其他组织不服复议决定的，可以在收到复议决定书之日起十五日内向人民法院提起诉讼。复议机关逾期不作决定的，申请人可以在复议期满之日起十五日内向人民法院提起诉讼。法律另有规定的除外。

第四十六条 公民、法人或者其他组织直接向人民法院提起诉讼的，应当自知道或者应当知道作出行政行为之日起六个月内提出。法律另有规定的除外。

因不动产提起诉讼的案件自行政行为作出之日起超过二十年，其他案件自行政行为作出之日起超过五年提起诉讼的，人民法院不予受理。

《食品生产许可管理办法》（2020 年 1 月 2 日）

第二十条 县级以上地方市场监督管理部门对申请人提出的申请决定予以受理的，应当出具受理通知书；决定不予受理的，应当出具不予受理通知书，说明不予受理的理由，并告知申请人依法享有申请行政复议或者提起行政诉讼的权利。

4. 食品生产许可现场核查通知书

食品生产许可现场核查通知书

核查组、______（申请人名称）______：

根据《食品生产许可管理办法》《食品生产许可审查通则》《________生产许可审查细则》等规定，定于______年____月____日对你（单位）申请的______（食品、食品添加剂类别）______食品生产许可进行现场核查。现将有关事项通知如下：

一、人员及联系方式

核查组组长： 联系电话：

核查组成员： 联系电话：

企业联系人： 联系电话：

二、现场核查事项（□为选择项，在选择项框内打“√”）

□ 新申证

□ 对照《食品生产许可审查通则》中《食品生产许可现场核查评分记录表》实施全项目核查；

□ 试制食品（食品添加剂）检验报告；

□ 核查复配食品添加剂配方。

□ 变更 或者 □ 延续

□ 生产场所；

□ 设备设施；

□ 设备布局和工艺流程；

□ 人员管理；

□ 管理制度；

□ 试制食品（食品添加剂）检验报告；

□ 核查复配食品添加剂配方。

三、现场核查工作程序

按照《食品生产许可审查通则》要求执行。

1. 召开首次会议；

2. 实施现场核查；

3. 汇总核查情况；

4. 形成核查结论；

5. 召开末次会议。

四、有关准备工作

请申请人做好现场核查相关准备工作。提供合适的工作场所，配备适当的人员协助现场核查人员，以及做好其他与现场核查有关的准备工作，保障现场核查活动顺利进行。

五、其他要求

如对核查组人员有回避要求的，申请人应于本通知确定的现场核查日期2个工作日前提出。

（部门公章）

年　　月　　日

【法律依据】

《食品生产许可管理办法》（2020年1月2日）

第二十一条 县级以上地方市场监督管理部门应当对申请人提交的申请材料进行审查。需要对申请材料的实质内容进行核实的，应当进行现场核查。

市场监督管理部门开展食品生产许可现场核查时，应当按照申请材料进行核查。对首次申请许可或者增加食品类别的变更许可的，根据食品生产工艺流程等要求，核查试制食品的检验报告。开展食品添加剂生产许可现场核查时，可以根据食品添加剂品种特点，核查试制食品添加剂的检验报告和复配食品添加剂配方等。试制食品检验可以由生产者自行检验，或者委托有资质的食品检验机构检验。

现场核查应当由食品安全监管人员进行，根据需要可以聘请专业技术人员作为核查人员参加现场核查。核查人员不得少于2人。核查人员应当出示有效证件，填写食品生产许可现场核查表，制作现场核查记录，经申请人核对无误后，由核查人员和申请人在核查表和记录上签名或者盖章。申请人拒绝签名或者盖章的，核查人员应当注明情况。

申请保健食品、特殊医学用途配方食品、婴幼儿配方乳粉生产许可，在产品注册或者产品配方注册时经过现场核查的项目，可以不再重复进行现场核查。

市场监督管理部门可以委托下级市场监督管理部门，对受理的食品生产许可申请进行现场核查。特殊食品生产许可的现场核查原则上不得委托下级市场监督管理部门实施。

核查人员应当自接受现场核查任务之日起5个工作日内，完成对生产场所的现场核查。

《食品生产许可审查通则》（2016年8月9日）

第十八条 申请材料经审查，按规定不需要现场核查的，应当按规定程序由许可机关作出许可决定。许可机关决定需要现场核查的，应当组织现场核查。

第十九条 下列情形，应当组织现场核查：

（一）申请生产许可的，应当组织现场核查。

（二）申请变更的，申请人声明其生产场所发生变迁，或者现有工艺设备布局和工艺流程、主要生产设备设施、食品类别等事项发生变化的，应当对变化情况组织现场核查；其他生产条件发生变化，可能影响食品安全的，也应当就变化情况组织现场核查。

（三）申请延续的，申请人声明生产条件发生变化，可能影响食品安全的，应当组织对变化情况进行现场核查。

（四）申请变更、延续的，审查部门决定需要对申请材料内容、食品类别、与相关审查细则及执行标准要求相符情况进行核实的，应当组织现场核查。

（五）申请人的生产场所迁出原发证的食品药品监督管理部门管辖范围的，应当重新申请食品生产许可，迁入地许可机关应当依照本通则的规定组织申请材料审查和现场核查。

（六）申请人食品安全信用信息记录载明监督抽检不合格、监督检查不符合、发生过食品安全事故，以及其他保障食品安全方面存在隐患的。

（七）法律、法规和规章规定需要实施现场核查的其他情形。

第二十条 审查部门应当自收到申请材料之日起3个工作日内组成核查组，负责对申请人进行现场核查，并将现场核查决定书面通知申请人及负责对申请人实施食品安全日常监督管理的食品药品监督管理部门。

5. 准予食品生产许可决定书

准予食品生产许可决定书

(　　) 许字〔　　〕第　　号

申请人名称 ：

你（单位）于______年____月____日向本机关提出的食品生产许可申请，食品类别为____，经审查，符合法定条件。现决定对______(食品、食品添加剂类别)______准予行政许可，并向你（单位）颁发食品生产许可证（编号：SC________________________）。

许可专用章

年　　月　　日

备注：本决定书作出之日起按规定送达。许可受理工作尚未实施全程电子化的，本决定书一式两份，一份送达申请人，一份存档；许可受理工作实施全程电子化的，加盖电子印章后通过信息化系统直接反馈申请人。（本备注正式使用时不显示）

6. 不予食品生产许可决定书

不予食品生产许可决定书

（　　）未许字〔　　〕第　　号

____申请人名称____：

你（单位）于______年____月____向本机关提出的食品生产许可申请，食品类别为____________________________________，经审查，不符合法定条件。现决定对______（食品、食品添加剂类别）______不予行政许可。

理由：____________________________。

如不服从本决定，你（单位）可以按照《中华人民共和国行政复议法》第九条的规定提起行政复议，或按照《中华人民共和国行政诉讼法》第四十四条至第四十六条的规定提起行政诉讼。

许可专用章

年　　月　　日

备注：本决定书作出之日起按规定送达。许可受理工作尚未实施全程电子化的，本决定书一式两份，一份送达申请人，一份存档；许可受理工作实施全程电子化的，加盖电子印章后通过信息化系统直接反馈申请人。（本备注正式使用时不显示）

【法律依据】

《中华人民共和国行政复议法》（2017 年 9 月 1 日）

第九条 公民、法人或者其他组织认为具体行政行为侵犯其合法权益的，可以自知道该具体行政行为之日起六十日内提出行政复议申请；但是法律规定的申请期限超过六十日的除外。

因不可抗力或者其他正当理由耽误法定申请期限的，申请期限自障碍消除之日起继续计算。

《中华人民共和国行政诉讼法》（2017 年 6 月 27 日）

第四十四条 对属于人民法院受案范围的行政案件，公民、法人或者其他组织可以先向行政机关申请复议，对复议决定不服的，再向人民法院提起诉讼；也可以直接向人民法院提起诉讼。

法律、法规规定应当先向行政机关申请复议，对复议决定不服再向人民法院提起诉讼的，依照法律、法规的规定。

第四十五条 公民、法人或者其他组织不服复议决定的，可以在收到复议决定书之日起十五日内向人民法院提起诉讼。复议机关逾期不作决定的，申请人可以在复议期满之日起十五日内向人民法院提起诉讼。法律另有规定的除外。

第四十六条 公民、法人或者其他组织直接向人民法院提起诉讼的，应当自知道或者应当知道作出行政行为之日起六个月内提出。法律另有规定的除外。

因不动产提起诉讼的案件自行政行为作出之日起超过二十年，其他案件自行政行为作出之日起超过五年提起诉讼的，人民法院不予受理。

《食品生产许可审查通则》（2016 年 8 月 9 日）

第四十五条 许可机关应当根据申请材料审查和现场核查等情况，对符合条件的，作出准予生产许可的决定。对不符合条件的，应当及时作出不予许可的书面决定并说明理由，同时告知申请人依法享有申请行政复议或者提起行政诉讼的权利。

7. 食品生产许可证注销申请书

食品生产许可证注销申请书

____许可机关名称____：

我（单位）因________________原因，决定终止生产食品（食品添加剂）。

按照《食品生产许可管理办法》第四十条的规定，特申请注销我（单位）编号为SC________的食品生产许可证。

我（单位）自愿承担因注销食品生产许可证所引起的一切后果。

申请人（单位）：（盖章）

法定代表人签字：

年　　月　　日

【法律依据】

《食品生产许可管理办法》（2020 年 1 月 2 日）

第四十条 食品生产者终止食品生产，食品生产许可被撤回、撤销，应当在 20 个工作日内向原发证的市场监督管理部门申请办理注销手续。

食品生产者申请注销食品生产许可的，应当向原发证的市场监督管理部门提交食品生产许可注销申请书。

食品生产许可被注销的，许可证编号不得再次使用。

8. 食品生产许可流程登记表

食品生产许可流程登记表

申请人名称：

生产场所地址：　　　　　　　　　　邮编：

联系人：　　　　　　　　　　　　联系电话：

生产许可申请受理部门		申请受理日期		申请受理人签字	
审查组织部门名称		申请材料接收日期		申请材料接收人签字	
核查组长		申请材料接收日期		申请材料接收人签字	
现场核查日期		核查结论		核查组长签字	
审查组织部门名称		审查组织部门接收审查材料日期		审查材料接收人签字	
审查组织部门签署审核文件日期		许可机关接收审查组织部门签署的审核文件及审查材料日期		许可机关接收审查组织部门签署审核文件及材料签收人签字	
许可机关		作出准予（或者不准予）食品生产许可决定日期		许可证书或不予许可决定书发送人签字	
许可机关		发放食品生产许可证日期		发送人签字	

五、反垄断案件专用文书

市场监管总局关于印发《反垄断案件专用文书格式范本》的通知[①]

国市监反垄断〔2019〕72号

各省、自治区、直辖市市场监管局（厅、委）：

为规范反垄断执法工作，保障市场监管部门依法履行反垄断职责，市场监管总局组织制定了《反垄断案件专用文书格式范本》（以下简称《格式范本》）。现予印发。

《格式范本》为市场监管部门开展反垄断执法的文书基本格式。各省级市场监管部门可以参照《格式范本》，结合实际需要，完善有关文书格式并自行印制。

国家市场监督管理总局

2019年4月3日

① 格式范本参见下文。相应【法律依据】为编者所加，方便读者使用。

总体说明[①]

本反垄断案件专用文书格式范本，由国家市场监督管理总局拟定。各省级市场监督管理部门可以参照文书格式范本，结合执法实际，完善有关文书格式并自行印制。

对违反《中华人民共和国反垄断法》规定的行为实施行政处理程序适用本文书格式范本。本文书格式范本未作规定的，参照适用《市场监督管理行政处罚文书格式范本》。

制作、打印文书时，参照《党政机关公文格式》。

① 参见《市场监管总局关于印发〈反垄断案件专用文书格式范本〉的通知》，载国家市场监督管理总局网站，http：//gkml. samr. gov. cn/nsjg/fldj/202006/t20200603_ 316192. html，最后访问时间：2021 年 10 月 11 日。

1. 约谈通知书

________市场监督管理局
约谈通知书

____市监____〔____〕____号

________________________：

为了解____，请你（单位）于______年____月____时____分到__________________________说明有关情况。

联系人：____________________联系电话：____________________

________________市场监督管理局

（印章）

年　　月　　日

本文书一式____份，____份送达，一份归档，____________________________。

2. 约谈记录

________市场监督管理局
约谈记录

时　间：______年____月____日____时____分至______年____月____日____时____分　第____次

地　点：________________________________

约谈人：________________、________________

被约谈人：________________________________

联系电话：________________　邮政编码：________________

住　　址：________________________________

工作单位：________________　职务：________________

____

____

____

____

____

____

被约谈人（签名或者盖章）：________________年　　月　　日

约谈人（签名或者盖章）：________________年　　月　　日

________________________________年　　月　　日

第　页共　页

（续页）

被约谈人（签名或者盖章）：　　　　　　　　　　年　　月　　日

约谈人（签名或者盖章）：　　　　　　　　　　年　　月　　日

年　　月　　日

（尾页）

被约谈人（签名或者盖章）：________________ 年 月 日

约谈人（签名或者盖章）：________________ 年 月 日

________________ 年 月 日

3. 垄断案件询问通知书

________市场监督管理局
垄断案件询问通知书

____市监____〔____〕____号

______________________：

为调查了解____
______________________请你（单位）于______年____月____日____时____分到____接受询问。根据《中华人民共和国行政处罚法》第五十五条[①]、《中华人民共和国反垄断法》第四十二条的规定，你（单位）有如实回答询问，配合调查的义务。请携带以下材料：

1. ____
2. ____
3. ____

联系人：____________________联系电话：____________________

________________市场监督管理局

（印章）

年　　月　　日

本文书一式____份，____份送达，一份归档，__________________________。

① 为与2021年修改后的《中华人民共和国行政处罚法》相衔接，本书对部分文书中的法条序号进行了更新，下文不再赘述。

【法律依据】

《中华人民共和国行政处罚法》（2021 年 1 月 22 日）

第五十五条 执法人员在调查或者进行检查时，应当主动向当事人或者有关人员出示执法证件。当事人或者有关人员有权要求执法人员出示执法证件。执法人员不出示执法证件的，当事人或者有关人员有权拒绝接受调查或者检查。

当事人或者有关人员应当如实回答询问，并协助调查或者检查，不得拒绝或者阻挠。询问或者检查应当制作笔录。

《中华人民共和国反垄断法》（2007 年 8 月 30 日）

第四十二条 被调查的经营者、利害关系人或者其他有关单位或者个人应当配合反垄断执法机构依法履行职责，不得拒绝、阻碍反垄断执法机构的调查。

4. 垄断案件调查通知书

________市场监督管理局
垄断案件调查通知书

____市监____〔____〕____号

________________________：

本机关于______年____月____日开始对你（单位）进行反垄断调查。由执法人员________________________________组成调查组，________任组长。请你（单位）按照《中华人民共和国反垄断法》等有关法律规定配合调查并如实提供本机关所需资料。如你（单位）拒绝提供、不完全提供有关材料、信息，或者提供虚假材料、信息，或者隐匿、销毁、转移证据，或者有其他拒绝、阻碍调查行为的，将依法承担法律责任。

如果你（单位）认为执法人员与你（单位）有直接利害关系，可以向本机关申请其回避。

联系人：____________________联系电话：____________________

________________市场监督管理局

（印章）

年　　月　　日

本文书一式____份，____份送达，一份归档，__________________________。

【法律依据】

《中华人民共和国反垄断法》（2007年8月30日）

第三十九条 反垄断执法机构调查涉嫌垄断行为，可以采取下列措施：

（一）进入被调查的经营者的营业场所或者其他有关场所进行检查；

（二）询问被调查的经营者、利害关系人或者其他有关单位或者个人，要求其说明有关情况；

（三）查阅、复制被调查的经营者、利害关系人或者其他有关单位或者个人的有关单证、协议、会计账簿、业务函电、电子数据等文件、资料；

（四）查封、扣押相关证据；

（五）查询经营者的银行账户。

采取前款规定的措施，应当向反垄断执法机构主要负责人书面报告，并经批准。

第四十条 反垄断执法机构调查涉嫌垄断行为，执法人员不得少于二人，并应当出示执法证件。

执法人员进行询问和调查，应当制作笔录，并由被询问人或者被调查人签字。

第五十二条 对反垄断执法机构依法实施的审查和调查，拒绝提供有关材料、信息，或者提供虚假材料、信息，或者隐匿、销毁、转移证据，或者有其他拒绝、阻碍调查行为的，由反垄断执法机构责令改正，对个人可以处二万元以下的罚款，对单位可以处二十万元以下的罚款；情节严重的，对个人处二万元以上十万元以下的罚款，对单位处二十万元以上一百万元以下的罚款；构成犯罪的，依法追究刑事责任。

5. 垄断案件限期提供材料、信息通知书

________市场监督管理局
垄断案件限期提供材料、信息通知书

____市监____〔____〕____号

____________________________：

为调查____，根据《中华人民共和国反垄断法》第三十九条的规定，现要求你（单位）在______年____月____日前，向我局提交以下书面材料、信息：

1. ____
2. ____
3. ____

依据《中华人民共和国反垄断法》第五十二条规定，如你（单位）拒绝提供、不完全提供有关材料、信息，或者提供虚假材料、信息，或者隐匿、销毁、转移证据，或者有其他拒绝、阻碍调查行为的，将依法承担法律责任。

联系人：____________________联系电话：____________________

________________市场监督管理局

（印章）

年　　月　　日

本文书一式____份，____份送达，一份归档，______________________________。

【法律依据】

《中华人民共和国反垄断法》（2007 年 8 月 30 日）

第三十九条 反垄断执法机构调查涉嫌垄断行为，可以采取下列措施：

（一）进入被调查的经营者的营业场所或者其他有关场所进行检查；

（二）询问被调查的经营者、利害关系人或者其他有关单位或者个人，要求其说明有关情况；

（三）查阅、复制被调查的经营者、利害关系人或者其他有关单位或者个人的有关单证、协议、会计账簿、业务函电、电子数据等文件、资料；

（四）查封、扣押相关证据；

（五）查询经营者的银行账户。

采取前款规定的措施，应当向反垄断执法机构主要负责人书面报告，并经批准。

第五十二条 对反垄断执法机构依法实施的审查和调查，拒绝提供有关材料、信息，或者提供虚假材料、信息，或者隐匿、销毁、转移证据，或者有其他拒绝、阻碍调查行为的，由反垄断执法机构责令改正，对个人可以处二万元以下的罚款，对单位可以处二十万元以下的罚款；情节严重的，对个人处二万元以上十万元以下的罚款，对单位处二十万元以上一百万元以下的罚款；构成犯罪的，依法追究刑事责任。

6. 垄断案件协助调查函

________市场监督管理局
垄断案件协助调查函

____市监____〔____〕____号

__________________________：

根据工作需要，请你单位按照《中华人民共和国反垄断法》等法律法规的有关规定，配合本机关开展调查，提供相关情况和材料。

依据《中华人民共和国反垄断法》第五十二条规定：如你（单位）拒绝提供、不完全提供有关材料、信息，或者提供虚假材料、信息，或者隐匿、销毁、转移证据，或者有其他拒绝、阻碍调查行为的，将依法承担法律责任。

联系人：________________联系电话：________________

____________市场监督管理局

（印章）

年　月　日

本文书一式____份，____份送达，一份归档，____________________。

【法律依据】

《中华人民共和国反垄断法》（2007 年 8 月 30 日）

第四十二条 被调查的经营者、利害关系人或者其他有关单位或者个人应当配合反垄断执法机构依法履行职责，不得拒绝、阻碍反垄断执法机构的调查。

第五十二条 对反垄断执法机构依法实施的审查和调查，拒绝提供有关材料、信息，或者提供虚假材料、信息，或者隐匿、销毁、转移证据，或者有其他拒绝、阻碍调查行为的，由反垄断执法机构责令改正，对个人可以处二万元以下的罚款，对单位可以处二十万元以下的罚款；情节严重的，对个人处二万元以上十万元以下的罚款，对单位处二十万元以上一百万元以下的罚款；构成犯罪的，依法追究刑事责任。

7. 垄断案件计算机数据证据提存笔录

________市场监督管理局
垄断案件计算机数据证据提存笔录

时　间：______年___月___日___时___分至______年___月___日___时___分

地　点：____

被检查人：____

提存人：____________________执法证号：__________________

记录人：____________________执法证号：__________________

证明对象：____

提存方法：____

____

提存步骤：____

____

____

____

____

被检查人（签名或者盖章）：____________________年　　月　　日

见证人（签名或者盖章）：______________________年　　月　　日

提存人（签名或者盖章）：______________________年　　月　　日

执法人员（签名或者盖章）：____________________年　　月　　日

第　页共　页

（续页）

____

____

____

____

____

____

____

____

____

____

____

____

____

____

被检查人（签名或者盖章）：______________________ 年 月 日

见证人（签名或者盖章）：______________________ 年 月 日

提存人（签名或者盖章）：______________________ 年 月 日

执法人员（签名或者盖章）：______________________ 年 月 日

第 页共 页

（尾页）

____

____

____

____

____

____

____

____

____

____

____

____

____

____

被检查人（签名或者盖章）：____________________ 年 月 日

见证人（签名或者盖章）：____________________ 年 月 日

提存人（签名或者盖章）：____________________ 年 月 日

执法人员（签名或者盖章）：____________________ 年 月 日

8. 垄断案件委托调查函

________市场监督管理局
垄断案件委托调查函

____市监____〔____〕____号

__________________________：

本机关在处理________________________中，委托你单位调查以下问题：

____

____

____

____

____

____

____

请你单位于______年____月____日前将调查结果加盖公章后及时函告本机关。

联系人：____________________联系电话：____________________

________________市场监督管理局

（印章）

年　　月　　日

本文书一式____份，____份送达，一份归档，__________________________。

9. 垄断案件查询银行账户函

________市场监督管理局
垄断案件查询银行账户函

____市监____〔____〕____号

__________________________：

根据《中华人民共和国反垄断法》第三十九条第一款第（五）项、第四十二条的规定，需要对______________________________的______年____月至______年____月银行账户情况进行查询，请你单位依法予以配合，并提供有关材料、信息。

联系人：____________________联系电话：____________________

________________市场监督管理局

（印章）

年　　月　　日

本文书一式____份，____份送达，一份归档，__________________________。

【法律依据】

《中华人民共和国反垄断法》（2007 年 8 月 30 日）

第三十九条 反垄断执法机构调查涉嫌垄断行为，可以采取下列措施：

（一）进入被调查的经营者的营业场所或者其他有关场所进行检查；

（二）询问被调查的经营者、利害关系人或者其他有关单位或者个人，要求其说明有关情况；

（三）查阅、复制被调查的经营者、利害关系人或者其他有关单位或者个人的有关单证、协议、会计账簿、业务函电、电子数据等文件、资料；

（四）查封、扣押相关证据；

（五）查询经营者的银行账户。

采取前款规定的措施，应当向反垄断执法机构主要负责人书面报告，并经批准。

第四十二条 被调查的经营者、利害关系人或者其他有关单位或者个人应当配合反垄断执法机构依法履行职责，不得拒绝、阻碍反垄断执法机构的调查。

10. 垄断案件中止调查决定书

________市场监督管理局
垄断案件中止调查决定书

____市监____〔____〕____号

一、当事人情况（一级标题黑体三号，缩进两字符）

（一）二级标题楷体三号加黑，缩进两字符

（正文仿宋三号，首行缩进两字符）写明当事人基本情况：当事人为个人的，应当写明姓名、性别及住址等；当事人为单位的，应当写明单位的名称、统一社会信用代码、经营范围、法定代表人或者负责人姓名、职务、地址、电话等。

二、案件来源及调查经过

说明案件来源、调查起始时间、调查方式等内容。

三、违法事实及相关证据

说明当事人进行违法行为的时间、地点、经过、手段及对竞争产生或者可能产生的影响。以上事实，应有相关证据证明。

四、当事人的承诺措施及履行期限

载明当事人承诺的消除行为后果的措施、履行承诺的期限和方式、在规定的时限内向市场监督管理部门报告承诺履行情况的义务等。

五、中止调查决定

作出中止调查决定的法律依据及决定。载明对当事人在规定期限履行承诺的情况进行监督，不履行或者不完全履行承诺的法律后果等。若当事人在规定的期限内履行承诺，将依法对本案终止调查。

________________市场监督管理局

（印章）

年　　月　　日

本文书一式____份，____份送达，一份归档，______________________。

11. 垄断案件恢复调查决定书

________市场监督管理局
垄断案件恢复调查决定书

____市监____〔____〕____号

一、当事人情况（一级标题黑体三号，缩进两字符）

（一）二级标题楷体三号加黑，缩进两字符

（正文仿宋三号，首行缩进两字符）写明当事人的基本情况：当事人为个人的，应当写明姓名、性别及住址等；当事人为单位的，应当写明单位的名称、统一社会信用代码、经营范围、法定代表人或者负责人姓名、职务、地址、电话等。

二、作出中止调查的情况

说明作出中止调查的时间，当事人涉嫌违法的事实及后果、当事人承诺的消除行为后果的措施、当事人履行承诺的期限和方式、当事人在规定时限内的报告义务及不履行或者不完全履行承诺的法律后果等。

三、监督承诺履行的情况

说明监督的措施、监督执行的具体情况，导致恢复调查的事实和相关证据。

四、恢复调查决定

恢复调查的法律依据及决定。

________________市场监督管理局

（印章）

年　　月　　日

本文书一式____份，____份送达，一份归档，________________________。

12. 垄断案件终止调查决定书

________市场监督管理局
垄断案件终止调查决定书

____市监____〔____〕____号

一、当事人情况（一级标题黑体三号，缩进两字符）

（一）二级标题楷体三号加黑，缩进两字符

（正文仿宋三号，首行缩进两字符）写明当事人的基本情况：当事人为个人的，应当写明姓名、性别及住址等；当事人为单位的，应当写明单位的名称、统一社会信用代码、经营范围、法定代表人或者负责人姓名、职务、地址、电话等。

二、作出中止调查的情况

说明作出中止调查的时间、当事人涉嫌违法的事实及后果、当事人承诺的消除行为后果的措施、当事人履行承诺的期限和方式、当事人在规定时限内的报告义务及不履行或者不完全履行承诺的法律后果等。

三、监督承诺履行的情况

说明监督的措施、监督执行的具体情况。当事人履行承诺的事实和相关证据。

四、终止调查决定

作出终止调查决定的法律依据及决定。

________________市场监督管理局

（印章）

年　　月　　日

本文书一式____份，____份送达，一份归档，__________________________。

13. 行政处罚决定书

________市场监督管理局
行政处罚决定书

____市监____〔____〕____号

一、当事人情况（一级标题黑体三号，缩进两字符）

（一）二级标题楷体三号加黑，缩进两字符

（正文仿宋三号，首行缩进两字符）写明当事人的基本情况：当事人为个人的，应当写明姓名、性别及住址等；当事人为单位的，应当写明单位的名称、统一社会信用代码、经营范围、法定代表人或者负责人姓名、职务、地址、电话等。

二、案件来源及调查经过

说明案件来源、调查起始时间、调查方式等内容。

三、违法事实及相关证据

说明当事人进行违法行为的时间、地点、经过、手段、后果等内容。以上事实，应有相关证据证明。

四、行政处罚依据和决定

根据相关法律、法规规定，对当事人的违法行为作出定性；说明作出行政处罚的相关法律依据及自由裁量的理由；行政处罚的内容；行政处罚的履行方式和期限；权利救济途径告知。

________________市场监督管理局

（印章）

年　　月　　日

本文书一式____份，____份送达，一份归档，________________________。

14. 行政建议书

________市场监督管理局
行政建议书

____市监____〔____〕____号

________________________：

一、案件来源及调查情况（一级标题黑体三号，缩进两字符）

（一）二级标题楷体三号加黑，缩进两字符

（正文仿宋三号，首行缩进两字符）说明案件来源、调查情况等内容。

二、相关事实及证据

说明当事人滥用行政权力排除限制竞争行为的相关事实，应有证据证明。

三、定性分析

对当事人滥用行政权力排除限制竞争行为作出定性。

四、行政建议

作出行政建议的内容。

________________市场监督管理局

（印章）

年　　月　　日

说明：文书可包含上述内容，但实际行文中可采用叙述式，不设大标题。

本文书一式____份，____份送达，一份归档，__________________________。

六、药品、医疗器械、保健食品、特殊医学用途配方食品广告审查文书

市场监管总局办公厅关于印发《药品、医疗器械、保健食品、特殊医学用途配方食品广告审查文书格式范本》的通知[①]

市监广〔2020〕19号

各省、自治区、直辖市及新疆生产建设兵团市场监管局（厅、委）：

为贯彻落实《药品、医疗器械、保健食品、特殊医学用途配方食品广告审查管理暂行办法》（市场监管总局第21号令），规范药品、医疗器械、保健食品、特殊医学用途配方食品广告审查工作，统一文书格式范本式样，总局研究制定了《药品、医疗器械、保健食品、特殊医学用途配方食品广告审查文书格式范本》（以下简称《文书格式范本》），现予印发，请结合广告审查工作实际，参照《文书格式范本》完善有关文书格式并自行印制。

市场监管总局办公厅

2020年2月27日

---

① 格式范本参见下文。相应【法律依据】为编者所加，方便读者使用。

1. 广告审查表

广告审查表

一、申请人信息

名称		统一社会信用代码/身份证明号码	
住所地址		邮政编码	
法定代表人		联系人	
联系人电子邮箱地址		联系人手机号码	

申请人签章：____________________

申请日期：_____年____月____日

二、产品及生产许可信息

产品分类	药品	□处方药
		□非处方药
	□医疗器械	是否推荐给个人自用：□是　　□否
	□保健食品	
	特殊医学用途配方食品	□特定全营养配方食品
		□其他类别特殊医学用途配方食品

产品注册或者备案文件及生产许可证信息

产品名称	产品名称	
	通用名称	
	商品名称	
	外文名称	

续表

产品注册证（备案凭证）编号		
持有人信息	产品注册证（备案凭证）持有人名称	
	持有人统一社会信用代码等证照编号	
	持有人住所地址	
进口产品	进口代理人名称	
	进口代理人统一社会信用代码	
	进口代理人住所地址	
	生产地	××国家（地区）
国产产品	生产许可证主体名称	
	生产许可证主体统一社会信用代码	
	生产许可证主体住所地址	

注：广告中出现多个产品，可参照样式另行加页填报。

三、广告信息

广告类别	□视频	时长	秒
	□音频	时长	秒
	□图文		
计划发布媒介（场所）	□国务院卫生行政部门和国务院药品监督管理部门共同指定的医学、药学专业刊物		
	□电视	□广播	□电影
	□报纸	□期刊	□非报刊类印刷品
	□互联网	□户外	□其他

四、委托代理人信息

（一）委托代理人为自然人情形

姓名		手机号码	
身份证明证件类型		身份证明证件号码	
电子邮箱地址			

注：身份证明证件类型包括居民身份证、军官证、警官证、外国（地区）护照、其他有效证件。

（二）委托代理人为法人或其他组织情形

名称		统一社会信用代码	
住所地址		邮政编码	
法定代表人		联系人	
联系人电子邮箱地址		联系人手机号码	

五、申请材料清单（材料附后）

序号	申请材料名称	有效期限截止日期
1	□广告样件	——
2	申请人主体资格相关材料	
2-(1)	□申请人的主体资格相关材料，或者合法有效的登记文件	至　年　月　日
2-(2)	□授权文件——产品注册证明文件或者备案凭证持有人同意生产、经营企业作为申请人	至　年　月　日
2-(3)	□申请人委托代理人的委托书	至　年　月　日
2-(4)	□申请人委托代理人的主体资格相关材料	至　年　月　日
3	产品注册备案相关材料	
3-(1)	□产品注册证书或者备案凭证	至　年　月　日
3-(2)	□注册或者备案的产品标签	同上
3-(3)	□注册或者备案的产品说明书	同上
3-(4)	□申请人的生产许可证	至　年　月　日
4	广告中涉及的知识产权相关有效证明材料	
4-(1)	□商标注册证明	至　年　月　日
4-(2)	□专利证明	至　年　月　日
4-(3)	□著作权证明	至　年　月　日
4-(4)	□其他知识产权相关证明	至　年　月　日
5	□其他材料＿＿＿＿＿＿	至　年　月　日

说明：仅勾选提交的申请材料，各项材料只需提供一份。

2. 授权书

授 权 书

（参考样本）

致广告审查机关：

我（单位），＿＿＿＿＿（注册登记名称/姓名）＿＿＿＿＿，住所地（住址）为＿＿＿＿＿＿＿＿＿＿＿＿，统一社会信用代码（身份证明号码等）为＿＿＿＿＿＿＿＿，现同意授权＿＿＿＿＿（被授权企业名称）＿＿＿＿＿，住所地为＿＿＿＿＿＿＿＿＿＿＿＿，统一社会信用代码为＿＿＿＿＿＿＿＿＿＿，作为我（单位）产品的生产企业（或者经营企业），同时授权其作为我（单位）注册（备案）产品的广告审查申请人，授权日期截至20＿＿年＿＿月＿＿日。产品名单如下：

产品名称1，产品注册批准证号1。

产品名称2，产品注册批准证号2。

＿＿＿（授权人名称/姓名）＿＿＿

签　章＿＿＿＿＿＿

签字人职务＿＿＿＿＿＿

20＿＿年＿＿月＿＿日

3. 委托代理书

委托代理书
（参考样本）

致广告审查机关：

为申请药品/医疗器械/保健食品/特殊医学用途配方食品广告审查批准文号，现委托下列人员作为我（单位）的代理人，代为办理(产品名称)的广告审查（注销）申请。

委托代理人姓名：________________联系电话：________________

工作单位：____________________________职务：________________

身份证（其他有效证件）号码：________________________________

委托权限：☑代为提出、变更、放弃行政许可申请；

☑接收询问，行使陈述申辩权利；

☑要求和参加听证；

☑提交和接收法律文书；

☐其他：____

委托期限：☐自提出许可申请日起至______年______月______日；

☑自提出许可申请日起至此次许可决定送达之日止；

☐其他：____

附件：委托代理人身份证明文件

委托人名称：______________________

签章：______________________

20____年___月___日

4. 广告批准文号注销申请表

广告批准文号注销申请表

申请人名称：________________________________

申请人统一社会信用代码：______________________

联系人姓名：________________

联系人手机号码：________________

申请注销的广告批准文号：________药/械/食健/食特广审（视/声/文）第000000－00000号

申请注销原因：

□主体资格证照被吊销、撤销、注销

□产品注册证明文件、备案凭证被撤销、注销

□生产许可文件被撤销、注销

□其他情形______________________。

申请人签章：____________________

申请日期：20____年___月___日

5. 广告审查受理通知书

广告审查受理通知书

____广审受字［20 __］第000000号

______（申请人名称）______：

经审查，你（单位）提交的申请编号为0000000的药品/医疗器械/保健食品/特殊医学用途配方食品广告审查（注销）申请，申请材料齐全，符合法定形式。依据《药品、医疗器械、保健食品、特殊医学用途配方食品广告审查管理暂行办法》第十五条规定，我局决定予以受理，并将在十个工作日内作出是否准予批准的决定。

______广告审查机关（行政许可专用章）

20____年____月____日

【法律依据】

《药品、医疗器械、保健食品、特殊医学用途配方食品广告审查管理暂行办法》（2019 年 12 月 24 日）

第十五条 申请人可以到广告审查机关受理窗口提出申请，也可以通过信函、传真、电子邮件或者电子政务平台提交药品、医疗器械、保健食品和特殊医学用途配方食品广告申请。

广告审查机关收到申请人提交的申请后，应当在五个工作日内作出受理或者不予受理决定。申请材料齐全、符合法定形式的，应当予以受理，出具《广告审查受理通知书》。申请材料不齐全、不符合法定形式的，应当一次性告知申请人需要补正的全部内容。

6. 不予受理通知书

不予受理通知书

____广审不予受理字［20 __］第000000号

______（申请人名称）______：

经审查，你（单位）提交的申请编号为0000000的广告审查（注销）申请，依法不需要取得行政许可/依法不属于本行政机关职权范围，依据《中华人民共和国行政许可法》第三十二条规定，我局决定不予受理。

如对本不予受理决定持有异议的，可以自收到本通知书之日起六十日内依据《中华人民共和国行政复议法》的规定，向__________人民政府或者__________（上一级行政机关）申请行政复议，也可以自收到本通知书之日起六个月内依据《中华人民共和国行政诉讼法》的规定，直接向人民法院提起行政诉讼。

______广告审查机关（行政许可专用章）

20 ____年____月____日

【法律依据】

《中华人民共和国行政许可法》（2019 年 4 月 23 日）

第三十二条 行政机关对申请人提出的行政许可申请，应当根据下列情况分别作出处理：

（一）申请事项依法不需要取得行政许可的，应当即时告知申请人不受理；

（二）申请事项依法不属于本行政机关职权范围的，应当即时作出不予受理的决定，并告知申请人向有关行政机关申请；

（三）申请材料存在可以当场更正的错误的，应当允许申请人当场更正；

（四）申请材料不齐全或者不符合法定形式的，应当当场或者在五日内一次告知申请人需要补正的全部内容，逾期不告知的，自收到申请材料之日起即为受理；

（五）申请事项属于本行政机关职权范围，申请材料齐全、符合法定形式，或者申请人按照本行政机关的要求提交全部补正申请材料的，应当受理行政许可申请。

行政机关受理或者不予受理行政许可申请，应当出具加盖本行政机关专用印章和注明日期的书面凭证。

《中华人民共和国行政复议法》（2017 年 9 月 1 日）

第十二条 对县级以上地方各级人民政府工作部门的具体行政行为不服的，由申请人选择，可以向该部门的本级人民政府申请行政复议，也可以向上一级主管部门申请行政复议。

对海关、金融、国税、外汇管理等实行垂直领导的行政机关和国家安全机关的具体行政行为不服的，向上一级主管部门申请行政复议。

《中华人民共和国行政诉讼法》（2017 年 6 月 27 日）

第四十四条 对属于人民法院受案范围的行政案件，公民、法人或者其他组织可以先向行政机关申请复议，对复议决定不服的，再向人民法院提起诉讼；也可以直接向人民法院提起诉讼。

法律、法规规定应当先向行政机关申请复议，对复议决定不服再向人民法院提起诉讼的，依照法律、法规的规定。

第四十六条 公民、法人或者其他组织直接向人民法院提起诉讼的，应当自知道或者应当知道作出行政行为之日起六个月内提出。法律另有规定的除外。

因不动产提起诉讼的案件自行政行为作出之日起超过二十年，其他案件自行政行为作出之日起超过五年提起诉讼的，人民法院不予受理。

7. 申请材料接收凭证

申请材料接收凭证

____广审收字［20 __］第000000号

____（申请人名称）____：

你（单位）于20 ____年___月___日提交的药品/医疗器械/保健食品/特殊医学用途配方食品广告审查申请材料收到，我局将于五个工作日内决定是否受理或者告知需要补正的材料。

______广告审查机关（行政许可专用章）

20 ____年___月___日

收到材料目录

序号	材料名称	份数
1	《广告审查表》	1
2	与发布内容一致的广告样件	1
3	申请人的主体资格相关材料	
4	授权文件	
5	委托书	
6	申请人委托代理人的主体资格相关材料	
7	产品注册证明文件或者备案凭证	
8	注册或者备案的产品标签	
9	注册或者备案的产品说明书	
10	生产许可文件	
11	广告中涉及的知识产权相关有效证明材料	
12	其他材料	

8. 广告审查申请材料补正告知书

广告审查申请材料补正告知书

____广审补正字［20 __］第000000号

______（申请人名称）______：

我局于20 ____年____月____日收到你（单位）提交的药品/医疗器械/保健食品/特殊医学用途配方食品广告审查申请（申请编号：000000）。依据《中华人民共和国行政许可法》第三十二条规定，经审查，你单位的申请材料不齐全/不符合法定形式，需要补正材料。现一次告知如下：

请你（单位）补正：

1. 广告样件。
2. ________________。
3. ________________。

补正日期截至20 ____年____月____日，逾期未补正的，视为放弃申请。

______广告审查机关（行政许可专用章）

20 ____年____月____日

【法律依据】

《中华人民共和国行政许可法》（2019 年 4 月 23 日）

第三十二条 行政机关对申请人提出的行政许可申请，应当根据下列情况分别作出处理：

（一）申请事项依法不需要取得行政许可的，应当即时告知申请人不受理；

（二）申请事项依法不属于本行政机关职权范围的，应当即时作出不予受理的决定，并告知申请人向有关行政机关申请；

（三）申请材料存在可以当场更正的错误的，应当允许申请人当场更正；

（四）申请材料不齐全或者不符合法定形式的，应当当场或者在五日内一次告知申请人需要补正的全部内容，逾期不告知的，自收到申请材料之日起即为受理；

（五）申请事项属于本行政机关职权范围，申请材料齐全、符合法定形式，或者申请人按照本行政机关的要求提交全部补正申请材料的，应当受理行政许可申请。

行政机关受理或者不予受理行政许可申请，应当出具加盖本行政机关专用印章和注明日期的书面凭证。

9. 广告审查准予许可决定书

广告审查准予许可决定书

____广审准许字［20 __］第000000号

______（申请人名称）______：

我局于20 ______年____月____日受理你（单位）提交的药品/医疗器械/保健食品/特殊医学用途配方食品广告审查申请。产品名称（商品名称）为________________________，产品注册证明文件或者备案凭证编号为____________________，持有人为(名称)____。

经审查，根据《中华人民共和国行政许可法》、《中华人民共和国广告法》、市场监管总局《药品、医疗器械、保健食品、特殊医学用途配方食品广告审查管理暂行办法》等法律和规章规定，我局决定批准你（单位）的申请，编发广告批准文号：___药/械/食健/食特广审（视/声/文）第000000－00000号，有效期限至20 ____年____月____日。

如对本决定书持有异议的，可以自收到本决定书之日起六十日内依据《中华人民共和国行政复议法》的规定，向________________人民政府或者__________（上一级行政机关）申请行政复议，也可以自收到本决定书之日起六个月内依据《中华人民共和国行政诉讼法》的规定，直接向人民法院提起行政诉讼。

附：广告样件

______广告审查机关（印章）

20 ____年____月____日

【法律依据】

《中华人民共和国行政许可法》（2019 年 4 月 23 日）

第三十八条 申请人的申请符合法定条件、标准的，行政机关应当依法作出准予行政许可的书面决定。

行政机关依法作出不予行政许可的书面决定的，应当说明理由，并告知申请人享有依法申请行政复议或者提起行政诉讼的权利。

《中华人民共和国广告法》（2021 年 4 月 29 日）

第十六条 医疗、药品、医疗器械广告不得含有下列内容：

（一）表示功效、安全性的断言或者保证；

（二）说明治愈率或者有效率；

（三）与其他药品、医疗器械的功效和安全性或者其他医疗机构比较；

（四）利用广告代言人作推荐、证明；

（五）法律、行政法规规定禁止的其他内容。

药品广告的内容不得与国务院药品监督管理部门批准的说明书不一致，并应当显著标明禁忌、不良反应。处方药广告应当显著标明“本广告仅供医学药学专业人士阅读”，非处方药广告应当显著标明“请按药品说明书或者在药师指导下购买和使用”。

推荐给个人自用的医疗器械的广告，应当显著标明“请仔细阅读产品说明书或者在医务人员的指导下购买和使用”。医疗器械产品注册证明文件中有禁忌内容、注意事项的，广告中应当显著标明“禁忌内容或者注意事项详见说明书”。

第十八条 保健食品广告不得含有下列内容：

（一）表示功效、安全性的断言或者保证；

（二）涉及疾病预防、治疗功能；

（三）声称或者暗示广告商品为保障健康所必需；

（四）与药品、其他保健食品进行比较；

（五）利用广告代言人作推荐、证明；

（六）法律、行政法规规定禁止的其他内容。

保健食品广告应当显著标明“本品不能代替药物”。

《药品、医疗器械、保健食品、特殊医学用途配方食品广告审查管理暂行办法》（2019年12月24日）

第十六条 广告审查机关应当对申请人提交的材料进行审查，自受理之日起十个工作日内完成审查工作。经审查，对符合法律、行政法规和本办法规定的广告，应当作出审查批准的决定，编发广告批准文号。

对不符合法律、行政法规和本办法规定的广告，应当作出不予批准的决定，送达申请人并说明理由，同时告知其享有依法申请行政复议或者提起行政诉讼的权利。

《中华人民共和国行政复议法》（2017年9月1日）

第十二条 对县级以上地方各级人民政府工作部门的具体行政行为不服的，由申请人选择，可以向该部门的本级人民政府申请行政复议，也可以向上一级主管部门申请行政复议。

对海关、金融、国税、外汇管理等实行垂直领导的行政机关和国家安全机关的具体行政行为不服的，向上一级主管部门申请行政复议。

《中华人民共和国行政诉讼法》（2017年6月27日）

第四十四条 对属于人民法院受案范围的行政案件，公民、法人或者其他组织可以先向行政机关申请复议，对复议决定不服的，再向人民法院提起诉讼；也可以直接向人民法院提起诉讼。

法律、法规规定应当先向行政机关申请复议，对复议决定不服再向人民法院提起诉讼的，依照法律、法规的规定。

第四十六条 公民、法人或者其他组织直接向人民法院提起诉讼的，应当自知道或者应当知道作出行政行为之日起六个月内提出。法律另有规定的除外。

因不动产提起诉讼的案件自行政行为作出之日起超过二十年，其他案件自行政行为作出之日起超过五年提起诉讼的，人民法院不予受理。

10. 广告审查不予许可决定书

广告审查不予许可决定书

____广审不许字［20 __］第000000号

（申请人名称）：

我局于20 ____年____月____日受理你（单位）提交的产品名称（商品名称）药品/医疗器械/保健食品/特殊医学用途配方食品广告审查申请（申请编号：000000）。经审查，____________广告内容违反（法律依据）规定，我局决定依法不予批准你（单位）的申请。

如对本决定书持有异议的，可以自收到本决定书之日起六十日内依据《中华人民共和国行政复议法》的规定，向____________人民政府或者____________（上一级行政机关）申请行政复议，也可以自收到本决定书之日起六个月内依据《中华人民共和国行政诉讼法》的规定，直接向人民法院提起行政诉讼。

______广告审查机关（印章）

20 ____年____月____日

【法律依据】

《中华人民共和国行政复议法》（2017 年 9 月 1 日）

第十二条 对县级以上地方各级人民政府工作部门的具体行政行为不服的，由申请人选择，可以向该部门的本级人民政府申请行政复议，也可以向上一级主管部门申请行政复议。

对海关、金融、国税、外汇管理等实行垂直领导的行政机关和国家安全机关的具体行政行为不服的，向上一级主管部门申请行政复议。

《中华人民共和国行政诉讼法》（2017 年 6 月 27 日）

第四十四条 对属于人民法院受案范围的行政案件，公民、法人或者其他组织可以先向行政机关申请复议，对复议决定不服的，再向人民法院提起诉讼；也可以直接向人民法院提起诉讼。

法律、法规规定应当先向行政机关申请复议，对复议决定不服再向人民法院提起诉讼的，依照法律、法规的规定。

第四十六条 公民、法人或者其他组织直接向人民法院提起诉讼的，应当自知道或者应当知道作出行政行为之日起六个月内提出。法律另有规定的除外。

因不动产提起诉讼的案件自行政行为作出之日起超过二十年，其他案件自行政行为作出之日起超过五年提起诉讼的，人民法院不予受理。

11. 准予注销广告批准文号决定书

准予注销广告批准文号决定书

____广审注销字［20 __］第000000号

____（申请人名称）____：

经审查，你（单位）提交的申请编号为0000000的药品/医疗器械/保健食品/特殊医学用途配方食品广告批准文号注销申请，申请材料齐全，符合法定形式。依据《药品、医疗器械、保健食品、特殊医学用途配方食品广告审查管理暂行办法》第十九条规定，我局决定准予注销该广告批准文号。

______广告审查机关（印章）

20 ____年____月____日

【法律依据】

《药品、医疗器械、保健食品、特殊医学用途配方食品广告审查管理暂行办法》（2019 年 12 月 24 日）

第十九条 申请人有下列情形的，不得继续发布审查批准的广告，并应当主动申请注销药品、医疗器械、保健食品和特殊医学用途配方食品广告批准文号：

（一）主体资格证照被吊销、撤销、注销的；

（二）产品注册证明文件、备案凭证或者生产许可文件被撤销、注销的；

（三）法律、行政法规规定应当注销的其他情形。

广告审查机关发现申请人有前款情形的，应当依法注销其药品、医疗器械、保健食品和特殊医学用途配方食品广告批准文号。

12. 注销广告批准文号决定书

注销广告批准文号决定书

____广审注销字［20 __］第000000号

（申请人名称）：

经审查，你（单位）广告批准文号为×药/械/食健/食特广审（视/声/文）第000000－00000号的广告，因主体资格证照被吊销、撤销、注销/产品注册证明文件、备案凭证或者生产许可文件被撤销、注销/存在法律、行政法规规定应当注销的其他的情形，依据《药品、医疗器械、保健食品、特殊医学用途配方食品广告审查管理暂行办法》第十九条第一款第×项规定，我局决定注销该广告批准文号。

如对本注销决定持有异议的，可以自收到本决定书之日起六十日内依据《中华人民共和国行政复议法》的规定，向__________人民政府或者__________（上一级行政机关）申请行政复议，也可以自收到本决定书之日起六个月内依据《中华人民共和国行政诉讼法》的规定，直接向人民法院提起行政诉讼。

______广告审查机关（印章）

20 ____年___月___日

【法律依据】

《药品、医疗器械、保健食品、特殊医学用途配方食品广告审查管理暂行办法》（2019 年 12 月 24 日）

第十九条 申请人有下列情形的，不得继续发布审查批准的广告，并应当主动申请注销药品、医疗器械、保健食品和特殊医学用途配方食品广告批准文号：

（一）主体资格证照被吊销、撤销、注销的；

（二）产品注册证明文件、备案凭证或者生产许可文件被撤销、注销的；

（三）法律、行政法规规定应当注销的其他情形。

广告审查机关发现申请人有前款情形的，应当依法注销其药品、医疗器械、保健食品和特殊医学用途配方食品广告批准文号。

《中华人民共和国行政复议法》（2017 年 9 月 1 日）

第十二条 对县级以上地方各级人民政府工作部门的具体行政行为不服的，由申请人选择，可以向该部门的本级人民政府申请行政复议，也可以向上一级主管部门申请行政复议。

对海关、金融、国税、外汇管理等实行垂直领导的行政机关和国家安全机关的具体行政行为不服的，向上一级主管部门申请行政复议。

《中华人民共和国行政诉讼法》（2017 年 6 月 27 日）

第四十四条 对属于人民法院受案范围的行政案件，公民、法人或者其他组织可以先向行政机关申请复议，对复议决定不服的，再向人民法院提起诉讼；也可以直接向人民法院提起诉讼。

法律、法规规定应当先向行政机关申请复议，对复议决定不服再向人民法院提起诉讼的，依照法律、法规的规定。

第四十六条 公民、法人或者其他组织直接向人民法院提起诉讼的，应当自知道或者应当知道作出行政行为之日起六个月内提出。法律另有规定的除外。

因不动产提起诉讼的案件自行政行为作出之日起超过二十年，其他案件自行政行为作出之日起超过五年提起诉讼的，人民法院不予受理。

13. 撤销广告批准文号决定书

撤销广告批准文号决定书

____广审撤销字［20 __］第000000号

____（申请人名称）____：

经审查，你（单位）广告批准文号为×药/械/食健/食特广审（视/声/文）第000000-00000号的广告，因违反____（法律依据）____规定，依据《中华人民共和国广告法》第五十五条/第五十七条/第五十八条/第六十五条和《市场监督管理行政许可程序暂行规定》的规定，我局决定撤销该广告批准文号。

如对本撤销决定持有异议的，可以自收到本决定书之日起六十日内依据《中华人民共和国行政复议法》的规定，向________人民政府或者________（上一级行政机关）申请行政复议，也可以自收到本决定书之日起六个月内依据《中华人民共和国行政诉讼法》的规定，直接向人民法院提起行政诉讼。

____广告审查机关（印章）

20____年____月____日

【法律依据】

《中华人民共和国广告法》（2021 年 4 月 29 日）

第五十五条 违反本法规定，发布虚假广告的，由市场监督管理部门责令停止发布广告，责令广告主在相应范围内消除影响，处广告费用三倍以上五倍以下的罚款，广告费用无法计算或者明显偏低的，处二十万元以上一百万元以下的罚款；两年内有三次以上违法行为或者有其他严重情节的，处广告费用五倍以上十倍以下的罚款，广告费用无法计算或者明显偏低的，处一百万元以上二百万元以下的罚款，可以吊销营业执照，并由广告审查机关撤销广告审查批准文件、一年内不受理其广告审查申请。

医疗机构有前款规定违法行为，情节严重的，除由市场监督管理部门依照本法处罚外，卫生行政部门可以吊销诊疗科目或者吊销医疗机构执业许可证。

广告经营者、广告发布者明知或者应知广告虚假仍设计、制作、代理、发布的，由市场监督管理部门没收广告费用，并处广告费用三倍以上五倍以下的罚款，广告费用无法计算或者明显偏低的，处二十万元以上一百万元以下的罚款；两年内有三次以上违法行为或者有其他严重情节的，处广告费用五倍以上十倍以下的罚款，广告费用无法计算或者明显偏低的，处一百万元以上二百万元以下的罚款，并可以由有关部门暂停广告发布业务、吊销营业执照。

广告主、广告经营者、广告发布者有本条第一款、第三款规定行为，构成犯罪的，依法追究刑事责任。

第五十七条 有下列行为之一的，由市场监督管理部门责令停止发布广告，对广告主处二十万元以上一百万元以下的罚款，情节严重的，并可以吊销营业执照，由广告审查机关撤销广告审查批准文件、一年内不受理其广告审查申请；对广告经营者、广告发布者，由市场监督管理部门没收广告费用，处二十万元以上一百万元以下的罚款，情节严重的，并可以吊销营业执照：

（一）发布有本法第九条、第十条规定的禁止情形的广告的；

（二）违反本法第十五条规定发布处方药广告、药品类易制毒化学品广告、戒毒治疗的医疗器械和治疗方法广告的；

（三）违反本法第二十条规定，发布声称全部或者部分替代母乳的婴儿乳制品、饮料和其他食品广告的；

（四）违反本法第二十二条规定发布烟草广告的；

（五）违反本法第三十七条规定，利用广告推销禁止生产、销售的产品或者提供的服务，或者禁止发布广告的商品或者服务的；

（六）违反本法第四十条第一款规定，在针对未成年人的大众传播媒介上发布医疗、药品、保健食品、医疗器械、化妆品、酒类、美容广告，以及不利于未成年人身心健康的网络游戏广告的。

第五十八条 有下列行为之一的，由市场监督管理部门责令停止发布广告，责令广告主在相应范围内消除影响，处广告费用一倍以上三倍以下的罚款，广告费用无法计算或者明显偏低的，处十万元以上二十万元以下的罚款；情节严重的，处广告费用三倍以上五倍以下的罚款，广告费用无法计算或者明显偏低的，处二十万元以上一百万元以下的罚款，可以吊销营业执照，并由广告审查机关撤销广告审查批准文件、一年内不受理其广告审查申请：

（一）违反本法第十六条规定发布医疗、药品、医疗器械广告的；

（二）违反本法第十七条规定，在广告中涉及疾病治疗功能，以及使用医疗用语或者易使推销的商品与药品、医疗器械相混淆的用语的；

（三）违反本法第十八条规定发布保健食品广告的；

（四）违反本法第二十一条规定发布农药、兽药、饲料和饲料添加剂广告的；

（五）违反本法第二十三条规定发布酒类广告的；

（六）违反本法第二十四条规定发布教育、培训广告的；

（七）违反本法第二十五条规定发布招商等有投资回报预期的商品或者服务广告的；

（八）违反本法第二十六条规定发布房地产广告的；

（九）违反本法第二十七条规定发布农作物种子、林木种子、草种子、种畜禽、水产苗种和种养殖广告的；

（十）违反本法第三十八条第二款规定，利用不满十周岁的未成年人作为广告代言人的；

（十一）违反本法第三十八条第三款规定，利用自然人、法人或者其他组织作为广告代言人的；

（十二）违反本法第三十九条规定，在中小学校、幼儿园内或者利用与中小学生、幼儿有关的物品发布广告的；

（十三）违反本法第四十条第二款规定，发布针对不满十四周岁的未成年人的商品或者服务的广告的；

（十四）违反本法第四十六条规定，未经审查发布广告的。

医疗机构有前款规定违法行为，情节严重的，除由市场监督管理部门依照本法处罚外，卫生行政部门可以吊销诊疗科目或者吊销医疗机构执业许可证。

广告经营者、广告发布者明知或者应知有本条第一款规定违法行为仍设计、制作、代理、发布的，由市场监督管理部门没收广告费用，并处广告费用一倍以上三倍以下的罚款，广告费用无法计算或者明显偏低的，处十万元以上二十万元以下的罚款；情节严重的，处广告费用三倍以上五倍以下的罚款，广告费用无法计算或者明显偏低的，处二十万元以上一百万元以下的罚款，并可以由有关部门暂停广告发布业务、吊销营业执照。

第六十五条 违反本法规定，伪造、变造或者转让广告审查批准文件的，由市场监督管理部门没收违法所得，并处一万元以上十万元以下的罚款。

《中华人民共和国行政复议法》（2017年9月1日）

第十二条 对县级以上地方各级人民政府工作部门的具体行政行为不服的，由申请人选择，可以向该部门的本级人民政府申请行政复议，也可以向上一级主管部门申请行政复议。

对海关、金融、国税、外汇管理等实行垂直领导的行政机关和国家安全机关的具体行政行为不服的，向上一级主管部门申请行政复议。

《中华人民共和国行政诉讼法》（2017年6月27日）

第四十四条 对属于人民法院受案范围的行政案件，公民、法人或者其他组织可以先向行政机关申请复议，对复议决定不服的，再向人民法院提起诉讼；也可以直接向人民法院提起诉讼。

法律、法规规定应当先向行政机关申请复议，对复议决定不服再向人民法院提起诉讼的，依照法律、法规的规定。

第四十六条 公民、法人或者其他组织直接向人民法院提起诉讼的，应当自知道或者应当知道作出行政行为之日起六个月内提出。法律另有规定的除外。

因不动产提起诉讼的案件自行政行为作出之日起超过二十年，其他案件自行政行为作出之日起超过五年提起诉讼的，人民法院不予受理。

《市场监督管理行政许可程序暂行规定》（2019年8月21日）

第四十条 有下列情形之一的，作出行政许可决定的市场监督管理部门或者其上级市场监督管理部门，根据利害关系人的申请或者依据职权，可以撤销行政许可：

（一）滥用职权、玩忽职守作出准予行政许可决定的；

（二）超越法定职权作出准予行政许可决定的；

（三）违反法定程序作出准予行政许可决定的；

（四）对不具备申请资格或者不符合法定条件的申请人准予行政许可的；

（五）依法可以撤销行政许可的其他情形。

第四十一条 被许可人以欺骗、贿赂等不正当手段取得行政许可的，作出行政许可决定的市场监督管理部门或者其上级市场监督管理部门应当予以撤销。

14. 广告审查机关送达回证

广告审查机关送达回证

送达文书名称 及文号	
受送达人	
送达时间	
送达地点	
送达方式	
收件人	（签名或者盖章） 年　月　日
送达人	（签名或者盖章） 年　月　日
见证人	（签名或者盖章） 年　月　日
备注	

图书在版编目（CIP）数据

市场监督管理行政执法文书样式：制作规范与法律依据／法律应用研究中心编．—北京：中国法制出版社，2021.11

（行政执法文书实务指南系列）

ISBN 978－7－5216－2237－9

Ⅰ.①市… Ⅱ.①法… Ⅲ.①市场监管－行政执法－法律文书－范文－中国 Ⅳ.①D922.294

中国版本图书馆CIP数据核字（2021）第212324号

责任编辑 王 熹　　封面设计 李 宁

市场监督管理行政执法文书样式：制作规范与法律依据

SHICHANG JIANDU GUANLI XINGZHENG ZHIFA WENSHU YANGSHI：ZHIZUO GUIFAN YU FALÜ YIJU

编者/法律应用研究中心
经销/新华书店
印刷/三河市国英印务有限公司
开本/730毫米×1030毫米 16开　　印张/18 字数/154千
版次/2021年11月第1版　　2021年11月第1次印刷

中国法制出版社出版
书号 ISBN 978－7－5216－2237－9　　定价：66.00元

北京市西城区西便门西里甲16号西便门办公区
邮政编码：100053　　传真：010－63141853
网址：http：//www.zgfzs.com　　**编辑部电话：010－63141795**
市场营销部电话：010－63141612　　**印务部电话：010－63141606**

（如有印装质量问题，请与本社印务部联系。）